MICHAEL OSCHE

DÜSSEL.
DORF.
STADT.
GESCHICHTE.

10.7.23 Mayersche, Nordstr.

DROSTE VERLAG

2 Anfänge

Inschrift in der Ruine der Kaiserpfalz, Kaiserswerth

DIE ANFÄNGE DER STADT

42.000 v.CHR. NEANDERTALER

DER NEANDER~ TALER

Ob der Neandertaler, der 1856 im Neandertal beim Abbau von Kalkstein in einer Höhle gefunden wird, zu Lebzeiten auch schon im Gebiet des späteren Düsseldorf umherstreift, lässt sich natürlich nicht feststellen. Möglich wäre es, ist doch der Fundort nur ungefähr 13 Kilometer von der Düsseldorfer Altstadt entfernt. Auf jeden Fall sind hier in dieser Gegend schon früh Menschen unterwegs – Klima und Umweltbedingungen scheinen wohl vor 42.000 Jahren recht günstig gewesen zu sein. Auf dieses Alter wird nämlich der Fund im Neandertal datiert. Noch unklar dagegen sind die Gründe, warum die Neandertaler dann jedoch ungefähr 10.000 Jahre später von der Bildfläche verschwinden, nachdem sie insgesamt mehr als 200.000 Jahre lang die Erde bevölkert hatten. Wahrscheinlich sind dramatische Klimaschwankungen die Ursache für ihr Aussterben.

JOACHIM NEANDER

Joachim Neander ist einer der bedeutendsten reformierten Kirchenlieddichter. Vermutlich hält er sich, als er ab 1674 Rektor und Hilfsprediger in Düsseldorf wird, häufiger in der malerischen Schlucht nahe Mettmann auf, die deshalb später nach ihm benannt ist: Neandertal.

1856

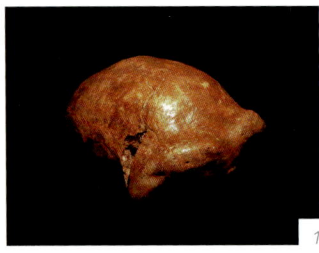

1

Bis 1840 ist das Neandertal, das auch »Gesteins« genannt wird, ein romantisches, teilweise bis zu 50 Meter tief eingeschnittenes Tal der Düssel. Damals ist es ein häufiges Ausflugsziel der Düsseldorfer Malerschule, die hier viele spektakuläre Motive findet. Ab 1849 beginnt der industrielle Kalkabbau, der dazu führt, dass innerhalb von 100 Jahren nichts mehr vom Tal zu sehen ist. Bei dieser Gelegenheit werden 1856 die Überreste des Neandertalers gefunden, der später von der Fachwelt nach diesem Tal benannt wird.

RECHT GEHABT

Er schreibt im Gegensatz zu vielen seiner gelehrten Zeitgenossen die Skelettreste aus dem Neandertal richtigerweise einem vorzeitlichen Menschen zu: der Naturforscher Carl Johann Fuhlrott.

2

1 Schädeldecke des Neandertalers
2 Johann Carl Fuhlrott (1803–1877)
3 Das malerische Neandertal 1841
Eugen von Guérard (1811–1901)
Rabenstein 1841, Öl auf Papier
32,5 x 44 cm, Privatsammlung, England

UM 700 FRÜHE ORTE

FRÜHE ORTE

Wie kommt es, dass Orte wie Kaiserswerth, Gerresheim und Angermund, die urkundlich schon lange vor Düsseldorf erwähnt werden, im Laufe der Jahrhunderte in der Bedeutungslosigkeit versinken? Die als jeweils eigenständige Stadt schon eine wichtige Rolle in der Weltgeschichte spielen, als Düsseldorf wahrscheinlich nur aus einigen Hütten besteht? Es sind wohl mehrere Faktoren, die zum Aufstieg Düsseldorfs führen. Außer der günstigen Lage am Rhein führt gewiss die Entscheidung des frisch gebackenen Herzogs von Berg, Düsseldorf zur Residenzstadt seines Territoriums zu machen, den Wendepunkt herbei. An der günstigen geschichtlichen Entwicklung des Herzogtums Berg nimmt naturgemäß auch die Stadt, die letztlich zu einer Großstadt wird, teil. Während Kaiserswerth, Gerresheim und Angermund in der Folge schließlich nach Düsseldorf eingemeindet werden.

St. Margareta in Gerresheim, Kreuzgang des Stifts

KAISERS-WERTH

Strategisch günstig liegt Kaiserswerth an einem der ältesten Rheinübergänge, besitzt früh eine befestigte Burg und wird schon 1145 zur Reichsstadt erhoben.

KAISERPFALZ

Bereits um 700 entsteht auf der früheren Rheininsel (Werth) ein Kloster, 1045 dann eine Kaiserpfalz. Kaiser Barbarossa baut an gleicher Stelle eine neue Burg, die 1702 im Spanischen Erbfolgekrieg endgültig zerstört wird und deren Überreste man heute noch besichtigen kann.

STAATSSTREICH

Große Politik: Beim »Staatsstreich von Kaiserswerth« 1062 entführt eine Gruppe von Fürsten unter Führung des Kölner Erzbischofs den minderjährigen Königssohn Heinrich IV., um selber an die Regierung zu gelangen. Als Heinrich IV. mündig wird, geht die Herrschergewalt wieder auf ihn über.

ANGERMUND

Weil die Burg von Angermund zusammen mit der dazugehörigen Siedlung am nördlichsten Punkt der Bergischen Herrschaft liegt, ist sie für die Grafen von Berg strategisch wichtig. Urkundlich erwähnt wird die Burg erstmals 1188.

1 Kaiserswerth 1646,
Merian (Detail)
2 Anton von Werner:
Entführung Heinrichs IV.
3 Burgruine der Kaiserpfalz

UM 700 FRÜHE ORTE

GERRES-HEIM

Das Gerresheimer Frauenstift, das im 9. Jahrhundert vom Adeligen Gerrich gegründet wird, ist äußerst wohlhabend und bildet schon früh ein kirchliches und kulturelles Zentrum in der Umgebung. 1236 wird hier die heutige Basilika St. Margareta eingeweiht.

ZERSTÖRUNGS-WUT

Schon ganz früh ist das Stift Opfer heftiger Angriffe: Während der Ungarneinfälle 919 wird es von Magyaren fast vollständig zerstört. Im Truchsessischen Krieg 1586 erleiden Stift und Stadt Gerresheim Plünderungen, im Dreißigjährigen Krieg überfallen protestantische Heere die Stadt, erst 1624, dann 1635. Die Folge: Die Stadt verarmt und wird bedeutungslos.

KALKUM, HIMMELGEIST UND ANDERE

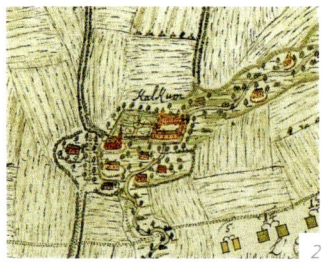

Auch andere Gebiete im Düsseldorfer Raum werden schon sehr früh besiedelt: Bilk zum Beispiel, wo Gräber aus dem 6./7. Jahrhundert gefunden werden. In der Zeit von 892 bis 1100 schließlich finden dann Kalkum, Himmelgeist, Hubbelrath, Derendorf, Golzheim, Stockum und Hamm urkundliche Erwähnung.

1 Basilika St. Margareta
2 Schloss Kalkum auf einer
Karte von 1702
3 Gerricus–Sarkophag
in St. Margareta

700–1288

Erste Erwähnungen späterer Düsseldorfer Stadtteile:
ca. 700 Kaiserswerth, ca. 870 Gerresheim, 799 Bilk, 892 Kalkum, 904 Himmelgeist, 950 Hubbelrath, 1005 Benrath, 1050 Wersten, 1072 Unterrath, 1100 Derendorf, Golzheim, Stockum und Hamm, 1188 Angermund

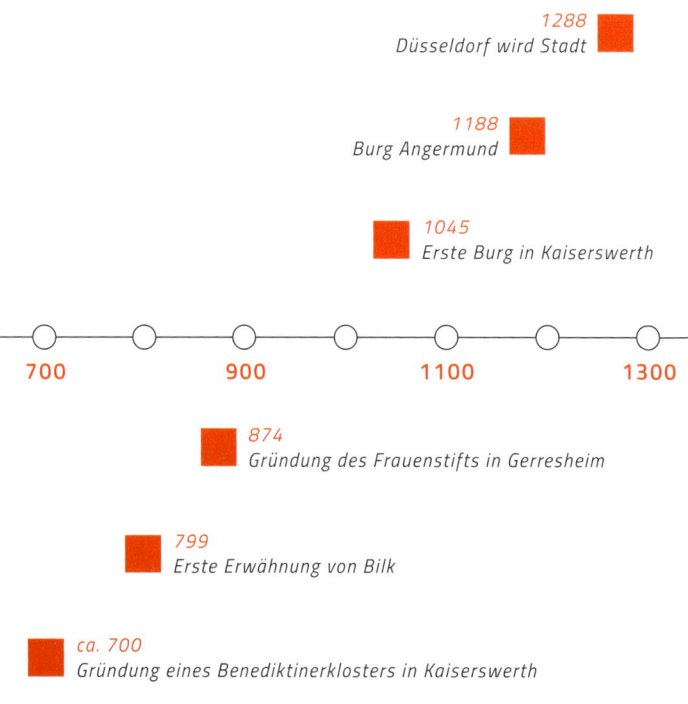

1288
Düsseldorf wird Stadt

1188
Burg Angermund

1045
Erste Burg in Kaiserswerth

700   900   1100   1300

874
Gründung des Frauenstifts in Gerresheim

799
Erste Erwähnung von Bilk

ca. 700
Gründung eines Benediktinerklosters in Kaiserswerth

800
Karl der Große ist König des Fränkischen Reiches und wird 800 von Papst Leo III. als erster westeuropäischer Herrscher zum Kaiser gekrönt.

800–1050
Die Wikinger unternehmen als kriegerische Seefahrer von Norden aus Raubzüge nach Mitteleuropa und gelangen auch bis ins Rheinland.

950–1250
Der Baustil der Romanik, dessen Name sich von den Römern ableitet, zeichnet sich durch Rundbögen, Säulen, kleine Fenster und tonnenförmige Gewölbe aus.

1066
Der Normanne Wilhelm der Eroberer besiegt die Angelsachsen in der Schlacht von Hastings und wird König von England.

1076–1122
Im Investiturstreit findet ein Machtkampf zwischen Papst und weltlichen Herrschern statt.

1076–1077
König Heinrich IV. unternimmt seinen Bitt- und Bußgang nach Canossa zu Papst Gregor VII.

1096–1272
Bei den Kreuzzügen zu den heiligen Stätten des Christentums spielen nicht nur religiöse, sondern auch wirtschaftliche und machtpolitische Überlegungen eine Rolle.

1143–1669
Die Hanse: anfangs eine Vereinigung niederdeutscher Kaufleute, später als Städtehanse ein Bund zur wirtschaftlichen und militärischen Unterstützung.

Peter Janssen, der Ältere, 1893:
Walter Dodde und die bergischen Bauern
in der Schlacht bei Worringen

DÜSSELDORF WIRD STADT

1080 GRAF ADOLF I. VON BERG

DIE GRAFEN VON BERG

Als die Grafen von Berg 1189 in den Besitz des rechtsrheinischen Gebietes und damit auch von Düsseldorf gelangen, beginnt eine Verbindung zwischen der Stadt und dem Haus Berg, die rund sechshundert Jahre andauern wird. Ob das die Stadterhebung im Jahre 1288 durch Adolf V. von Berg oder ob das Jan Wellem ist, der als Herzog von Jülich und Berg aus Düsseldorf eine glänzende Residenz macht, oder am Ende sogar Napoleon Bonaparte als Großherzog von Berg: Als Residenzstadt des Herzogtums Berg profitiert Düsseldorf von dessen Entwicklung. Alles beginnt um 1080 mit dem Grafen Adolf I., der sich als erster den Zusatz von Berg gibt. Dessen Nachfolger können dann ihren Einflussbereich durch das Ausnutzen politischer Machtverhältnisse und durch geschickte Heiratspolitik stark ausweiten.

Die freyheit Burg

Eselsfahrt

Schloss Burg: Residenz der Grafen von Berg vor der Verlegung nach Düsseldorf

MEHR ALS NUR BERG

Wie es dazu kommt, dass sich das bergsche Territorium vergrößert und am Ende gar ein bayerischer König Herzog von Berg ist? Nach dem Tod des letzten männlichen Nachkommens des Hauses Berg geht die Erbfolge auf die Töchter über. Heiraten diese dann Mitglieder aus anderen Adelsgeschlechtern, werden die beiden Herrschaftsgebiete zusammengelegt. So wird aus dem Haus Berg das Haus Limburg-Berg, das Haus Jülich-Berg und später das Haus Jülich-Kleve-Berg. Als dann zwei erbfolgeberechtigte Töchter in zwei unterschiedliche Herrscherhäuser einheiraten, wird lange um das Herzogtum gestritten. Schließlich einigt man sich auf eine Teilung des Gebiets. In dem einen Teil, in dem Düsseldorf liegt, kommt so die Linie Pfalz-Neuburg mit Jan Wellem ins Spiel und später auch ein bayerischer König.

DER BERGISCHE LÖWE

Eigentlich ist der Bergische Löwe ein Limburger Wappentier. Heinrich von Limburg heiratet die erbfolgeberechtigte Irmgard von Berg, und so hält der Löwe Einzug. Viele Städte, unter anderem auch Düsseldorf, tragen ihn in Varianten in ihrem Wappen.

1 Herzogtum Berg
2 Bergischer Löwe
3 Grabmal von Graf Gerhard von Jülich-Berg im Altenberger Dom

1288 SCHLACHT VON WORRINGEN

DIE SCHLACHT VON WORRINGEN

Sie gilt als eine der blutigsten Schlachten des Mittelalters: die Schlacht von Worringen, die den Schlusspunkt in einem sechs Jahre währenden Streit um die Erbfolge im Herzogtum Limburg setzt. Zwischen dem Kölner Erzbischof und dem Herzog von Brabant geht es dabei um die Machtverhältnisse im Rheinland. Am Morgen des 5. Juni 1288 stehen sich nun die beiden Heere bei Worringen gegenüber. Nachdem es am Anfang so aussieht, als könne der Erzbischof mit seinen Verbündeten den Sieg davontragen, überrennen am Ende die bergischen Bauern unter Graf Adolf V. von Berg zusammen mit der verbündeten Kölner Miliz das gegnerische Heer und machen alles nieder, was ihnen in Quere kommt. Damit entscheiden sie die Schlacht für die Partei des Herzogs von Brabant und festigen zudem die Machtposition des Grafen von Berg.

Herzog Johann I. von Brabant in der Schlacht von Worringen

1288 SCHLACHT VON WORRINGEN

DIE VERLIERER

Siegfried von Westerburg, Erzbischof von Köln, der auch weltlicher Herrscher des Erzbistums Köln ist, versucht mithilfe seiner Koalition, die eigene Macht am Niederrhein und in Westfalen zu stärken. Er kann folglich nicht zulassen, dass das angrenzende Limburg im Erbfolgestreit an seine Gegner fällt – scheitert aber.

DIE SIEGER

Herzog Johann I. von Brabant setzt sich im Limburger Erbfolgestreit an die Spitze der gegnerischen Koalition, zu der auch Graf Adolf V. von Berg gehört. Unter anderem kämpft auf dieser Seite die Kölner Miliz mit, die durch den Sieg obendrein erreicht, dass der ungeliebte Erzbischof die Stadt Köln nicht mehr betreten darf.

GRAF ADOLF V. VON BERG

Um seine durch den Sieg bei Worringen gewonnene Macht zu sichern, verleiht Adolf V. von Berg der Siedlung Düsseldorf die Stadtrechte. Die neu ernannte Stadt liegt an der westlichen Grenze seiner Grafschaft Berg-Limburg und sichert so das Gebiet gegen das linksrheinische Erzbistum Köln ab.

1 Fahnenwagen des Kölner Erzbischofs
2 Reitersiegel des Grafen Adolf V. von Berg
3 Bert Gerresheim: Schlacht von Worringen (Detail)

1135 ERSTE ERWÄHNUNG

DUSSEL~DORP

Über die Anfänge ist kaum etwas bekannt. Vermutlich ist das Gebiet der heutigen Düsseldorfer Altstadt schon im 8. oder 9. Jahrhundert besiedelt, vielleicht sogar noch früher. Auf jeden Fall ist der Platz gut gewählt: Dusseldorp, wie die Siedlung am Anfang genannt wird, liegt auf einer hochwassergeschützten Stelle direkt am Rhein. Sie ist von drei Seiten gut gesichert: im Westen vom Rhein, im Süden von der Düssel und im Norden von einem alten Rheinarm. So muss nur auf der verbleibenden östlichen Seite ein Verteidigungswall errichtet werden, der wohl schon früh nicht nur aus Erde und Holz, sondern aus Steinen besteht. Das Gebiet der Siedlung, das auf diese Weise entsteht, ist etwa 3,8 Hektar groß. So groß wie fünf Fußballfelder.

Düsseldorfer Stadtsiegel von 1303

1135 ERSTE ERWÄHNUNG

DIE TOSENDE

Die Namensgeberin der Stadt ist die rund 40 Kilometer lange Düssel, die bei Düsseldorf in den Rhein fließt. 1056 wird sie noch *Thussela* genannt – ihr Name geht wahrscheinlich auf das germanische Wort *thusila* für tosen, rauschen, brausen zurück.

MEHR ALS EIN FISCHERDORF

Erst zwischen 1135 und 1159 wird Düsseldorf – vermutlich zum ersten Mal – in einer Kölner Urkunde erwähnt. Auf jeden Fall ist die Siedlung schon vor ihrer Stadterhebung mehr als nur ein Fischerdorf, denn sie hat bereits eine Pfarrkirche und eine Rheinfähre.

1288

Nachdem die Grafen von Berg 1189 in den Besitz der Siedlung am Rhein kommen, erhebt Graf Adolf von Berg nach der Schlacht von Worringen 1288 Düsseldorf zur Stadt. Dies geschieht wohl eher aus strategischen Gründen. Denn mit der jungen Stadt auf der rechten Rheinseite will man den Machtbestrebungen des linksrheinischen Erzbistums Köln Einhalt gebieten.

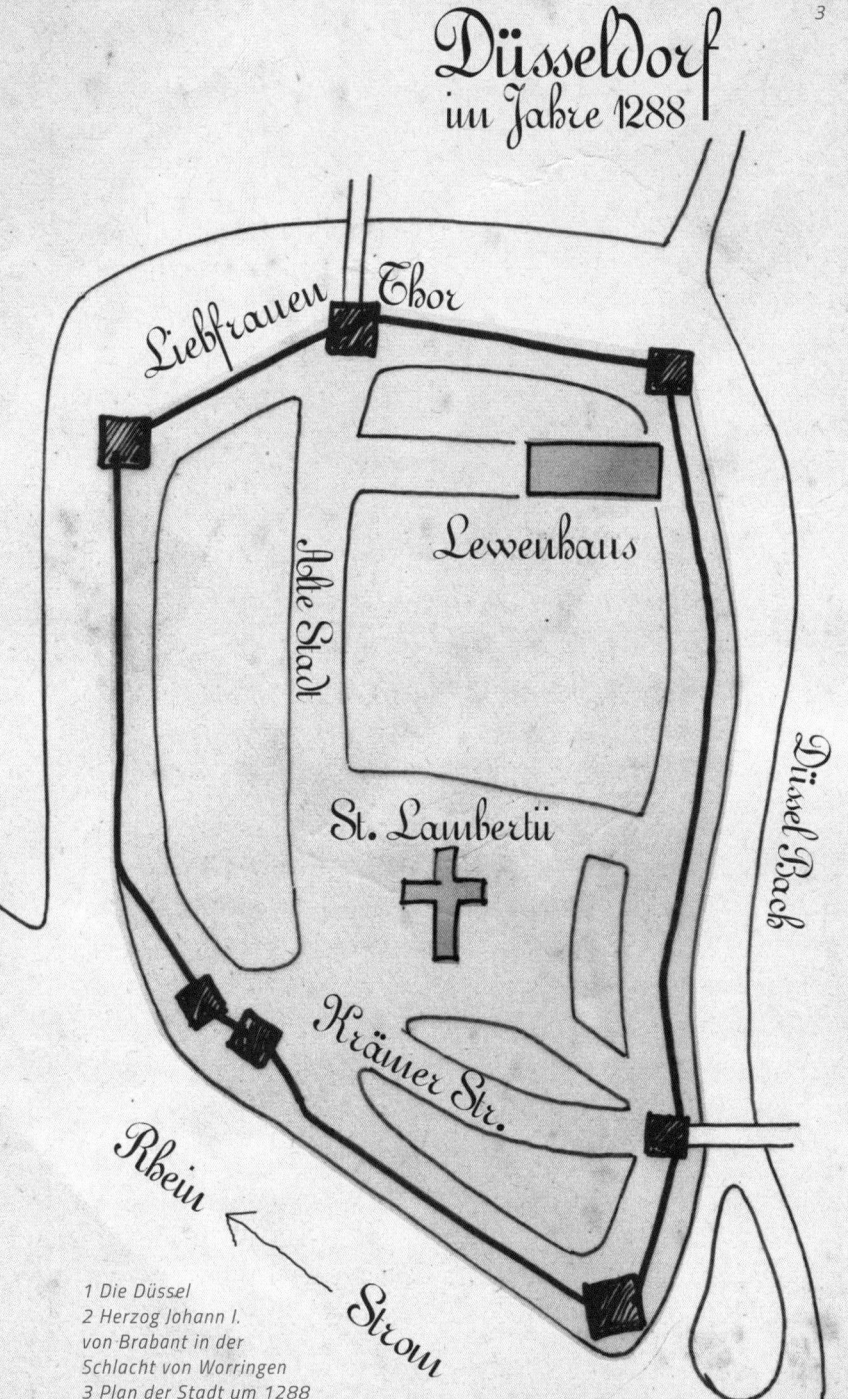

Düsseldorf im Jahre 1288

Liebfrauen Thor

Alte Stadt

Lewenhaus

Düssel Bach

St. Lambertii

Krämer Str.

Rhein

Strom

1 Die Düssel
2 Herzog Johann I. von Brabant in der Schlacht von Worringen
3 Plan der Stadt um 1288

1080–1288

Stadtgebiet innerhalb der Befestigung: ca. 3,8 Hektar, entspricht 5 Fußballfeldern. Außerhalb liegen Gemeinden wie Flingern und Pempelfort. **Einwohnerzahl:** geschätzt 300 bis 400

1288
Schlacht von Worringen/Düsseldorf wird Stadt

1259–1296
Regentschaft Graf Adolf V. von Berg

○─────────○─────────○
1100   1200   1300

ab 1189
Rechtsrheinische Gebiete zu Berg

ca. 1135
Erste schriftliche Erwähnung Düsseldorfs

ab 1080
Beginn des Herrscherhauses Berg mit Graf Adolf I. von Berg

1016
Erste Erwähnung einer Burg in Kaiserswerth

ca. 1150–1500
Die Zeit der Gotik: ihre Merkmale in der Architektur sind Spitzbögen, große Fenster und hohe lichtdurchflutete Räume.

um 1200
Die Heldensage der Nibelungen wird im Nibelungenlied verfasst.

1206–1227
Dschingis Khan ist Anführer der Mongolen und Begründer des mongolischen Reichs. Er erobert Nordchina und weite Teile Asiens.

1215
Unterzeichnung der Magna Charta. Sie ist eine Vereinbarung zwischen englischem König und Adel und markiert einen bedeutenden Schritt auf dem Weg zur englischen Verfassung.

1235
Der Sachsenspiegel ist eines der bedeutendsten und ältesten Rechtsbücher des deutschen Mittelalters.

1252
Bei der Inquisition, dem Kampf der Kirche gegen sogenannte Ketzer, gestattet Papst Innozenz IV. die Folter als Mittel der Wahrheitsfindung.

1269
Die Einführung eines Kompasses, bei dem erstmals die Nadel auf einem Stift gelagert ist, ermöglicht eine präzisere Navigation in der Seefahrt.

1275
Der venezianische Händler Marco Polo erreicht China.

DIE RESIDENZ~ STADT

*Johann Wilhelm von der Pfalz
»Jan Wellem«, 1658–1716*

AB 1386 RESIDENZ

DIE ZEIT DER HERZÖGE

Erst als die Grafen von Berg zu Herzögen ernannt werden, entscheiden sie sich, ihre Residenz nach Düsseldorf zu verlegen. Das geschieht im Jahre 1386. In den folgenden Jahrhunderten geht die Herrschaft der Herzöge von Berg aufgrund der Erbfolgeregelung auch an andere Herrscherfamilien über, die in Personalunion zusätzlich noch ihr eigenes angestammtes Gebiet weiterregieren. Der größte kulturelle Umbruch erfolgt durch den Übergang der Herrschaft auf die Pfälzische Linie des Hauses Wittelsbach. Speziell unter deren Herzog Jan Wellem, der in Düsseldorf regiert, weil seine eigentliche Residenzstadt Heidelberg zerstört ist, wird die Stadt zum Mittelpunkt von Kunst und Kultur. Nach dessen Tod ist es mit der Herrlichkeit Düsseldorfs erst einmal vorbei: Seine Nachfolger kehren in ihre angestammten Residenzstädte zurück und lassen Düsseldorf von Statthaltern regieren.

Jan Frans van Douven:
Kurfürst Johann Wilhelm von Pfalz-Neuburg

ENDLICH RESIDENZ: WILHELM I., REGENT VON 1360–1408

Wilhelm I., Herzog von Berg aus dem Hause Jülich, macht Düsseldorf zu seiner Residenzstadt. Er lässt sie erweitern und baut die Stadtbefestigung weiter aus. Außerdem versucht er, die Stadt zu einem attraktiven Wallfahrtsort zu machen, indem er Reliquien für die Stiftskirche St. Lambertus anschafft.

TOLERANT: WILHELM V., REGENT VON 1539–1592

Wilhelm V., Herzog von Berg aus dem Hause Kleve, genannt Wilhelm der Reiche, vertritt in Zeiten der Reformation einen liberalen Katholizismus und versammelt bedeutende Humanisten an seinem Hof. In der Stadt veranlasst er nicht nur den weiteren Ausbau der Befestigung zu einer Bastionärsfestung, sondern lässt auch das erste Gymnasium der Stadt errichten.

SICHER DURCH DEN KRIEG: WOLFGANG WILHELM, REGENT VON 1609–1653

Wolfgang Wilhelm, Herzog von Berg aus dem Hause Pfalz-Neuburg, ist der erste Herzog aus der Wittelsbacher Linie. Er vergrößert die Befestigung der Stadt und hält Düsseldorf durch geschickte Politik weitestgehend aus dem Dreißigjährigen Krieg heraus.

GLANZVOLL: JOHANN WILHELM II., REGENT VON 1679–1716

Johann Wilhelm II., Herzog von Berg aus dem Hause Pfalz-Neuburg, von seinen Düsseldorfern auch Jan Wellem genannt, macht die Stadt zu einer glanzvollen Residenz und durch die Gründung der Gemäldegalerie zu einer Kunstmetropole.

MEISTENS ABWESEND: CARL THEODOR, REGENT VON 1742–1799

Carl Theodor, Herzog von Berg aus den Häusern Pfalz-Sulzbach und Pfalz-Zweibrücken-Birkenfeld, residiert zwar in Mannheim, fördert aber durch seine Statthalter in Düsseldorf viele bemerkenswerte Projekte. Zum Beispiel den Bau von Schloss Benrath und die Neuanlage des Hofgartens zu einem Park, der allen Stadtbewohnern zugänglich ist.

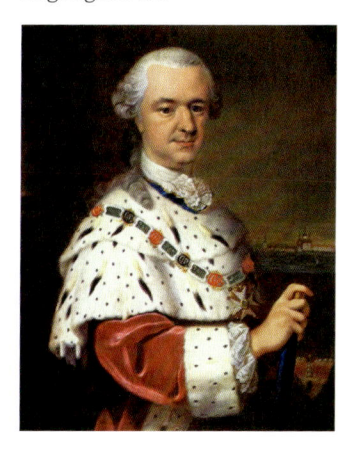

AB 1527 DER MITTLERE WEG

DER MITTLERE WEG

Kann es einen Mittelweg zwischen dem Katholizismus und den Ideen des Luthertums geben? Dieser Versuch wird von den Herzögen von Berg und ihren Beratern unternommen. Der *Mittlere Weg*, wie er genannt wird, ist eine humanistische Reform unter Berücksichtigung der Gedanken von Erasmus von Rotterdam. Dabei geht es darum, den Katholizismus beizubehalten, ihn aber durch einige Forderungen Luthers zu reformieren. Bis zum Beginn der Gegenreformation im Jahre 1570 leben somit in Düsseldorf unterschiedliche Glaubensrichtungen: die klassischen Katholiken, die reformierten Katholiken, die Protestanten (die Anhänger Luthers) und die Reformierten (nach ihrem Gründer auch Calvinisten genannt). In der Folge müssen Protestanten und Reformierte jedoch – bis auf eine kurze Zeitspanne von 1609 bis 1614 – wieder in der Illegalität verschwinden.

INRI

AB 1527 DER MITTLERE WEG

DÜSSELDORFER RELIGIONSGESPRÄCH

1

Zehn Jahre nach ihrem Beginn erreicht die Reformation schließlich auch Düsseldorf. In einem Gasthaus am Markt kommt es 1527 zum *Düsseldorfer Religionsgespräch*, einer Diskussion zwischen dem lutherischen Theologen und Reformator Friedrich Mecum und seinem katholischen Widersacher.

DER HUMANIST

Die tolerante Politik gegenüber der Reformation geht auf den Humanisten Konrad Heresbach zurück. Er ist Berater und Prinzenerzieher am Hof des Herzogs und macht sich für den *Mittleren Weg* stark.

2

NUR IM HINTERHOF

Nach dem Dreißigjährigen Krieg kommt es im katholischen Herzogtum zur allerdings nur widerwilligen Duldung der Protestanten und Reformierten. Die evangelischen Kirchen, die in dieser Zeit gebaut werden, dürfen nicht an der Straße oder an öffentlichen Plätzen stehen, sondern werden in die Hinterhöfe verbannt. So auch die reformierte Neanderkirche und die lutherische Berger Kirche.

1 Gedenkmünze Friedrich Mecum
2 Konrad Heresbach (1496–1576)
3 Berger Kirche, Wallstraße

1709 GEMÄLDEGALERIE

WELTBERÜHMT

VON DÜSSELDORF NACH MÜNCHEN

1

DER DEUTSCHE LOUVRE

Die Sammlung von über 1000 Bildern, die Herzog Jan Wellem und seine Frau Anna Maria de Medici erworben haben, wird als *Kunstschatz von europäischem Rang*, sogar als *Deutscher Louvre* bezeichnet. Das Galeriegebäude, das Jan Wellem 1709 dafür bauen lässt, zählt zu den frühesten selbstständigen Museumsbauten Europas.

2

Kurz bevor 1806 das Herzogtum Berg mit Düsseldorf an Frankreich fällt, lässt Maximilian Joseph, bayerischer König und Herzog von Berg, noch schnell die Sammlung Richtung München transportieren, wo sie einen Grundstock der Münchner Pinakothek bildet. In Düsseldorf verbleiben nur ungefähr 50 Gemälde.

1 Andreas Achenbach, 1831:
Die alte Akademie in Düsseldorf
2 Peter Paul Rubens:
Der Raub der Töchter des Leukippos,
Alte Pinakothek München
3 Peter Paul Rubens:
Der Künstler und seine Frau,
Alte Pinakothek München

1667–1743 **ANNA MARIA LUISA DE' MEDICI**

FÖRDERIN DER KÜNSTE

KULTURMETROPOLE

Anna Maria de´ Medici stammt aus Florenz und wird 1691 aus politischen Erwägungen mit Kurfürst Jan Wellem verheiratet. Ebenso wie ihr Mann trägt sie in der Folgezeit zum Aufstieg Düsseldorfs zu einer europäischen Kulturmetropole bei.

GEMÄLDEGALERIE

Während ihrer 25-jährigen Ehe erwerben sie und Jan Wellem nahezu 1000 hochkarätige Kunstwerke, beispielsweise von Rubens, Rembrandt und Leonardo da Vinci. Einen kulturellen Höhepunkt bildet dann der Bau der Gemäldegalerie Düsseldorf, die in ihrer Zeit als eine der besten in ganz Europa gilt.

UFFIZIEN

Die Ehe bleibt kinderlos, und als Jan Wellem an einem Schlaganfall stirbt, kehrt sie 1717 nach Florenz zurück. Dabei nimmt sie jene Gemälde mit, die sie selber erworben oder geschenkt bekommen hat. Sie sind heute in den Uffizien in Florenz zu bewundern.

Antonio Franchi, 1690/91:
Anna Maria Luisa de' Medici

BIS 1800 DAS BILD DER STADT

DAS BILD DER STADT

Ob die erste Befestigung der Stadt Düsseldorf ein Erdwall oder vielleicht doch schon eine Mauer gewesen ist, lässt sich bis jetzt nicht eindeutig klären. Auf jeden Fall entwickelt sie sich durch schrittweisen Ausbau in den folgenden 500 Jahren zu einer beeindruckenden Befestigungsanlage, die zu keiner Zeit durch feindliche Angriffe überwunden wird. Größeren Schaden nimmt die Stadt allenfalls durch den Beschuss von der ungeschützten Rheinseite her. Während sich die Stadt innerhalb der Mauern kaum ausdehnen kann und die Bevölkerungszahl deshalb nur langsam steigt, entstehen außerhalb der Mauern jene Siedlungen, die später zu Stadtteilen Düsseldorfs werden. Wie in vielen anderen deutschen Städten wird die Befestigung dann im Zuge der Napoleonischen Kriege beseitigt – in Düsseldorf sprengen die Franzosen bei ihrem Abzug 1801 die komplette Anlage und machen dadurch den Weg frei für die weitere Entwicklung der Stadt.

Festungsplan von Düsseldorf, 1759

BIS 1800 DAS BILD DER STADT

BRANDSCHUTZ

Aus Brandschutzgründen ordnet Herzog Wilhelm der Reiche an, dass alle Gebäude, die neu an der Straße gebaut werden, aus Stein sein müssen. Auch dürfen diese Häuser nicht mehr mit Stroh, sondern müssen mit Tonpfannen gedeckt werden.

GIEBEL DER STADT

Geht man durch die Straßen der eng bebauten Stadt, sieht man von den Häusern oft nur die repräsentativen Giebelseiten, die dicht an dicht nebeneinanderstehen. Je nach Bauepoche sind sie unterschiedlich verziert: So findet man neben den gotischen Treppengiebeln hauptsächlich geschwungene Giebelformen in unterschiedlichsten Ausführungen.

1 Flinger Straße 36–38
2 Stiftsplatz 6
3 Rheinort
4 Citadellstraße

ST. LAMBERTUS

1

Sie ist vielleicht nicht die älteste Kirche in Düsseldorf, aber eine der wichtigsten. Im Zuge der Stadterhebung 1288 wird aus der bestehenden Dorfkirche die bedeutende Stiftskirche St. Lambertus. Im Laufe der Jahrhunderte wird sie ständig ausgebaut und dient als Begräbnisstätte der fürstlichen Familie. Ihren typisch gedrehten Turm erhält die Kirche allerdings erst 1815 infolge eines Materialfehlers beim Neubau der Turmspitze.

ANDREASKIRCHE

In der Hofkirche St. Andreas, die im Stil des süddeutschen Barock erbaut ist, wird zum ersten Mal 1629 ein Gottesdienst abgehalten. Sie ist die neue Kirche der nun residierenden Herzöge aus dem Hause Pfalz-Neuburg, in der dann auch die Mitglieder dieser Fürstenfamilie beigesetzt werden. Damit löst sie die Kirche St. Lambertus ab, die so ihre vorherrschende Rolle in Düsseldorf verliert.

2

1 Gnadenbild Maria vom Siege,
11. Jahrhundert, St. Lambertus
2 Matthäus Merian d. Ä., 1640:
Stadtansicht von Westen
3 St. Andreas

VORBILD HOFGARTEN

Er dient als Vorbild für den Englischen Garten in München: der ursprünglich fürstliche Hofgarten, der außerhalb der Stadtmauern liegt. Auf Veranlassung von Karl Theodor wird er 1769 der Öffentlichkeit zugänglich gemacht und ist damit Deutschlands ältester Volksgarten. Planer der Promenade ist der Baumeister Nicolas de Pigage.

JAGDSCHLOSS

1

Der baulustige Karl Theodor gibt auch das Schloss Jägerhof in Auftrag. Es liegt an dem einen Ende der Reitallee, die durch den Hofgarten führt. Das andere Ende dieser Achse ist auf die Andreaskirche ausgerichtet, die Hofkirche der regierenden Herzöge von Berg.

GESAMTKUNST~ WERK SCHLOSS BENRATH

2

Ebenfalls von Karl Theodor beauftragt und von Nicolas de Pigage gebaut ist das Schloss Benrath. Das Zusammenspiel von Lustschloss, Jagdpark, Weihern und Kanalsystem gilt als architektonisches Gesamtkunstwerk. Schade, dass es sein Auftraggeber nach Fertigstellung nur ein einziges Mal besucht.

1 Schloss Jägerhof
2 Nicolas de Pigage
1723–1796
3 Schloss Benrath

1743–1819 FRIEDRICH HEINRICH JACOBI

KAUFMANN UND PHILOSOPH

KAUFMANN

Jacobi ist nicht nur Philosoph, sondern auch Schriftsteller und Kaufmann. Letzteres auf Wunsch seines Vaters, der möchte, dass der Sohn das väterliche Handelshaus weiterführt.

JACOBIHAUS

Wegen seiner kaufmännischen Fähigkeiten wird er Hofkämmerer im Herzogtum Berg, um hier das Zoll- und Handelswesen zu reformieren. In Düsseldorf machen er und seine Frau das Landgut in Pempelfort, das sogenannte Jacobihaus, zu einem Zentrum des deutschen Geisteslebens. Hier empfangen sie berühmte Gäste, wie zum Beispiel Johann Wolfgang von Goethe, Johann Gottfried Herder und die Brüder Alexander und Wilhelm von Humboldt.

SPINOZASTREIT

Durch Goethe angeregt, veröffentlicht Jacobi einige Romane, tritt daneben aber mit seinen Betrachtungen über die Lehre des niederländischen Philosophen Baruch de Spinoza eine wichtige Diskussion in der Geschichte der Philosophie los, den sogenannten *Spinozastreit*.

*Friedrich Heinrich Jacobi
(1743–1819)*

KATASTROPHEN

PEST

Das 17. Jahrhundert trifft es besonders schlimm: Mehrere Male bricht die Pest in Düsseldorf aus und fordert allein in den Jahren 1627 bis 1629 an die 2000 Opfer – und das bei einer geschätzten Einwohnerzahl von 5000. Aber auch schon bei früheren Ausbrüchen im 16. Jahrhundert sterben innerhalb von neun Jahren zwei Drittel der Stadtbewohner an der Seuche.

HOCH~ WASSER

Das Schicksal teilt Düsseldorf mit vielen anderen an Flüssen gelegenen Städten: Immer wieder kommt es zu starken Überschwemmungen, die die Stadtmauer und auch viele Gebäude in der Stadt beschädigen.

KRIEG

Durch Verhandlungsgeschick bleibt die Stadt im Dreißigjährigen Krieg weitestgehend verschont. Als man sich aber im Siebenjährigen Krieg gegen Friedrich den Großen und die Preußen stellt, wird man von deren Verbündeten 1758 belagert und vom linken Rheinufer aus beschossen. Schwere Schäden an den Häusern und Kirchen der Stadt sind die Folge.

Pestarzt in früher charakteristischer Kleidung

1386–1794

Erweiterungen des Stadtgebiets: 1384 Bilk, Derendorf, Düsseltal, Flehe, Golzheim, Lierenfeld, Mörsenbroich, Oberbilk, Unterbilk, 1394 Hamm, 1488 Volmerswerth. Einwohnerzahlen innerhalb der Stadtbefestigung: 1555 – 3.500, 1738 – 8.000, 1791 – 9.541

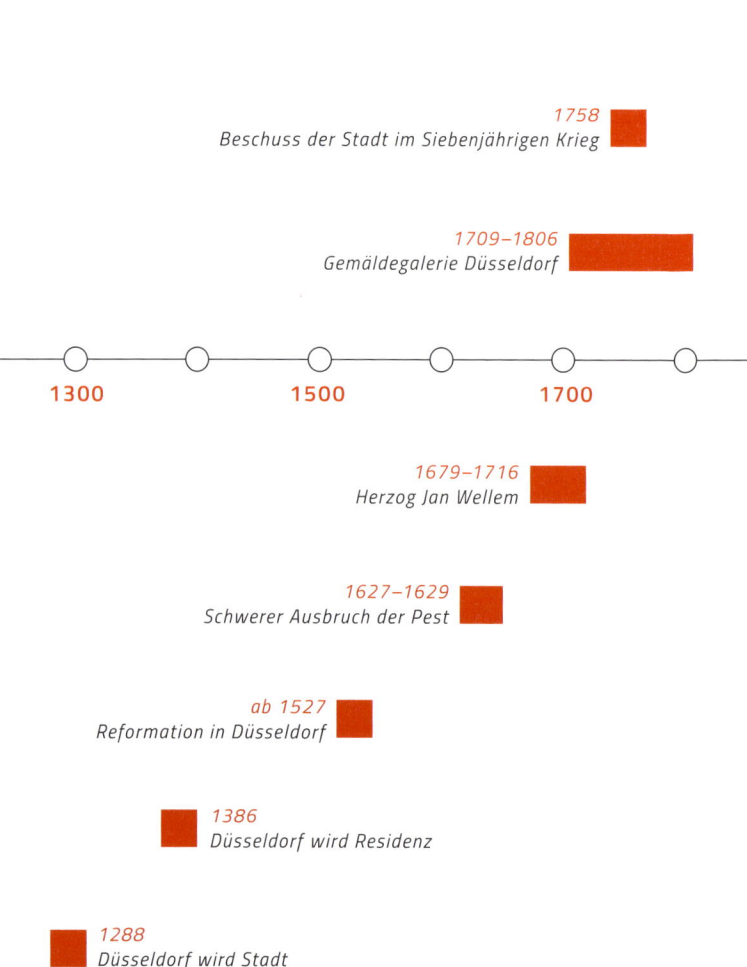

1758
Beschuss der Stadt im Siebenjährigen Krieg

1709–1806
Gemäldegalerie Düsseldorf

1300 — **1500** — **1700**

1679–1716
Herzog Jan Wellem

1627–1629
Schwerer Ausbruch der Pest

ab 1527
Reformation in Düsseldorf

1386
Düsseldorf wird Residenz

1288
Düsseldorf wird Stadt

1346–1353
Die als »Schwarzer Tod« bezeichnete Pestwelle fordert in Europa geschätzte 25 Millionen Opfer. Doch auch später bricht die Pest immer wieder aus.

1450
Die Erfindung des Buchdrucks revolutioniert die Buchproduktion und hilft bei der Verbreitung von geistigen Strömungen und bei der Alphabetisierung.

1452–1519
Der Ingenieur, Anatom, Architekt und Maler Leonardo da Vinci gilt als einer der bedeutendsten Universalgelehrten. Seine »Mona Lisa« ist weltberühmt.

1492
Christoph Kolumbus sucht den Seeweg nach Indien und landet in Amerika.

1517
Die Reformation beginnt mit der Veröffentlichung von Martin Luthers 95 Thesen und führt zur Spaltung des Christentums.

1616
Galileo Galilei gerät mit seinen astronomischen Entdeckungen in einen Konflikt mit der Kirche.

1618–1648
Anfänglich ein Religionskrieg entwickelt sich der Dreißigjährige Krieg zu einer Auseinandersetzung der europäischen Mächte. Er fordert schätzungsweise sechs Millionen Menschenleben.

1638–1715
Ludwig XIV., der Sonnenkönig, verkörpert als französischer Herrscher den Absolutismus mit der uneingeschränkten Macht über alle Bereiche seines Herrschaftsgebietes.

DIE FRANZOSEN
IN DÜSSELDORF

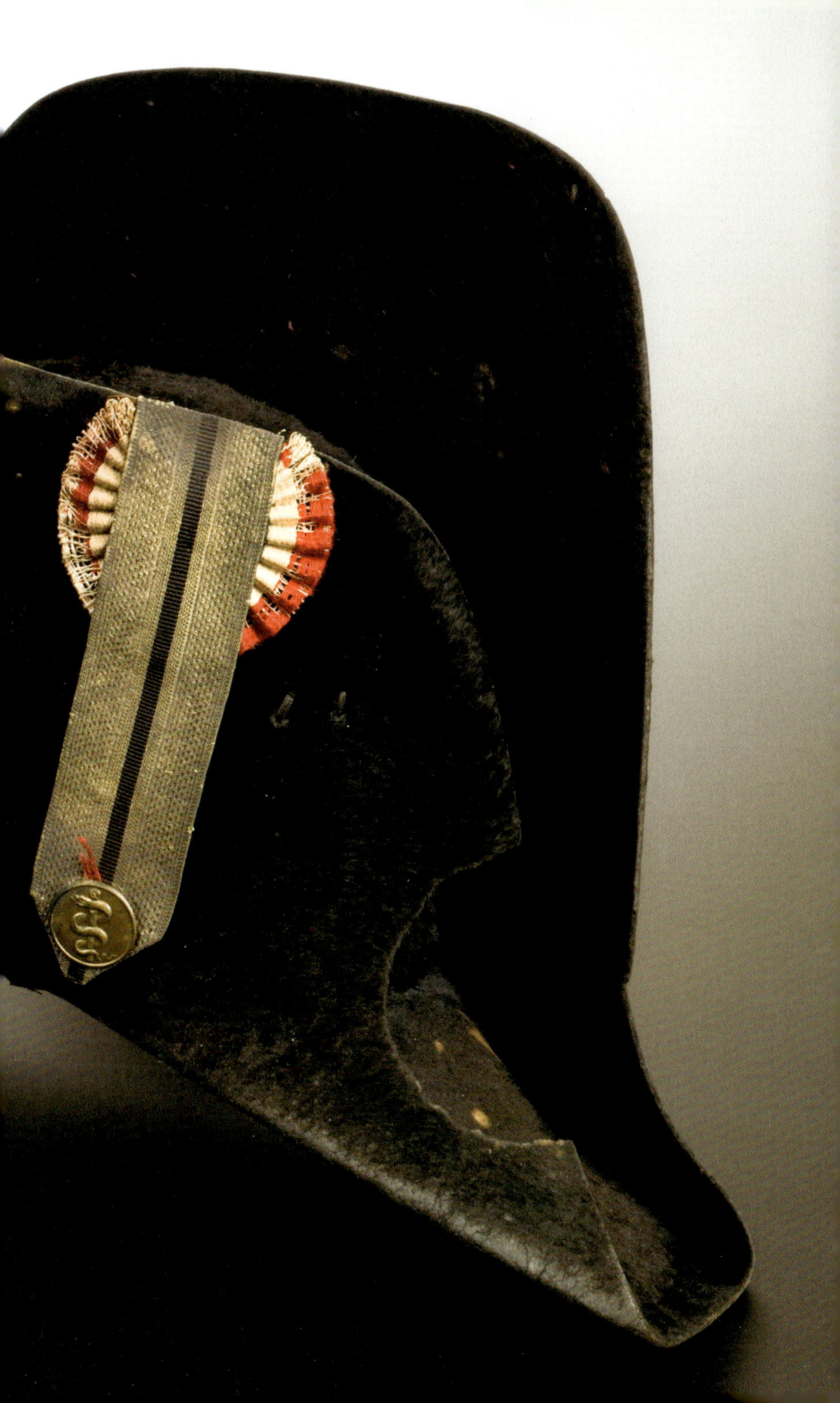

1795–1801 FRANZOSEN IN DÜSSELDORF

DIE REVOLUTIONSARMEE

Als die französische Revolution 1789 der absoluten Monarchie in Frankreich ein blutiges Ende setzt und die Menschen- und Bürgerrechte verkündet werden, befürchten die europäischen Monarchien, dass die revolutionären Gedanken auch auf ihre Staaten übergreifen. Sie schließen sich daher zu einer Koalition zusammen und gehen gemeinsam militärisch gegen das revolutionäre Frankreich vor. Gegen diese Übermacht kann sich Frankreich nicht zuletzt durch die Einführung der allgemeinen Wehrpflicht behaupten und erscheint schließlich 1794 mit seinen Revolutionstruppen auf der linken Rheinseite. Von dort aus wird Düsseldorf am 5. Oktober heftig beschossen und fällt ein Jahr später fast ohne Gegenwehr an die Franzosen. Als der Frieden von Lunéville 1801 den Rhein als östliche Grenze Frankreichs anerkennt, zieht sich die französische Besatzung wieder aus dem rechtsrheinischen Düsseldorf zurück.

Trommel der französischen Nationalgarde

1795–1801 FRANZOSEN IN DÜSSELDORF

BESATZUNGS- ZEIT

Der Beschuss durch die Franzosen 1794 dauert nur etwa zwei Stunden, richtet aber große Schäden in der Stadt an. Etliche Wohnhäuser werden zerstört und das Schloss in Brand gesetzt. Gut ein Jahr später setzen die französischen Truppen an zwei Stellen über den Rhein und ziehen nach der nahezu kampflosen Übergabe in die Stadt ein. In der folgenden Besatzungszeit machen die Franzosen Düsseldorf zu einem Stützpunkt ihrer Truppen und bauen die Stadtbefestigung weiter aus. Als dabei auch Flächen vor den Befestigungsanlagen miteinbezogen werden, kommt es zur Zerstörung weiter Teile des vor der Stadt liegenden Hofgartens.

PFERDESTALL

Da die Französische Revolution die Abschaffung der Religionen anstrebt, werden ab 1803 auch in Düsseldorf die Klöster aufgelöst und deren Besitz verkauft. Diese Säkularisation führt auch zur neuen Nutzung von Kirchen, wie zum Beispiel bei der Kreuzherrenkirche als Pferdestall.

IN TRÜMMERN

Bei ihrem Abzug 1801 sprengen die französischen Truppen die kompletten Befestigungsanlagen der Stadt. Den Wiederaufbau verbietet der Friedensvertrag von Lunéville, sodass man sich schon zu diesem Zeitpunkt in der Stadt dazu entschließt, das entstandene Trümmerfeld sinnvoll anders zu nutzen.

64 Franzosen

2

1 Kreuzbrüderkirche mit Liebfrauenkapelle
2 Brand des Schlosses nach dem Beschuss
am 5. Oktober 1794

AB 1802 DIE GARTENSTADT

DIE GARTEN~ STADT

Eigentlich tun die Franzosen den Düsseldorfern einen großen Gefallen, als sie bei ihrem Abzug die kompletten Befestigungswerke der Stadt sprengen. Denn schon bald darauf beginnt eine Kommission, die Neugestaltung der freigewordenen Flächen zu planen. Als dann 1804 der Gartenarchitekt Maximilian Friedrich Weyhe und 1809 der Stadtplaner Adolph von Vagedes ihre Arbeit in Düsseldorf aufnehmen, entsteht auf den ehemaligen Befestigungsanlagen ein Ring von Parkanlagen und Promenaden. Dieser Gesamtplan folgt den Ideen des englischen Landschaftsgartens und bindet die Düssel und einige Gewässer, die Teil der Befestigung waren, in Form von Teichen und Wassergräben ein. Besonders aber mit der Neuanlage und Erweiterung des Hofgartens zu einem ausgedehnten Landschaftspark macht Weyhe die ehemalige Festungsstadt Düsseldorf zu einer Gartenstadt.

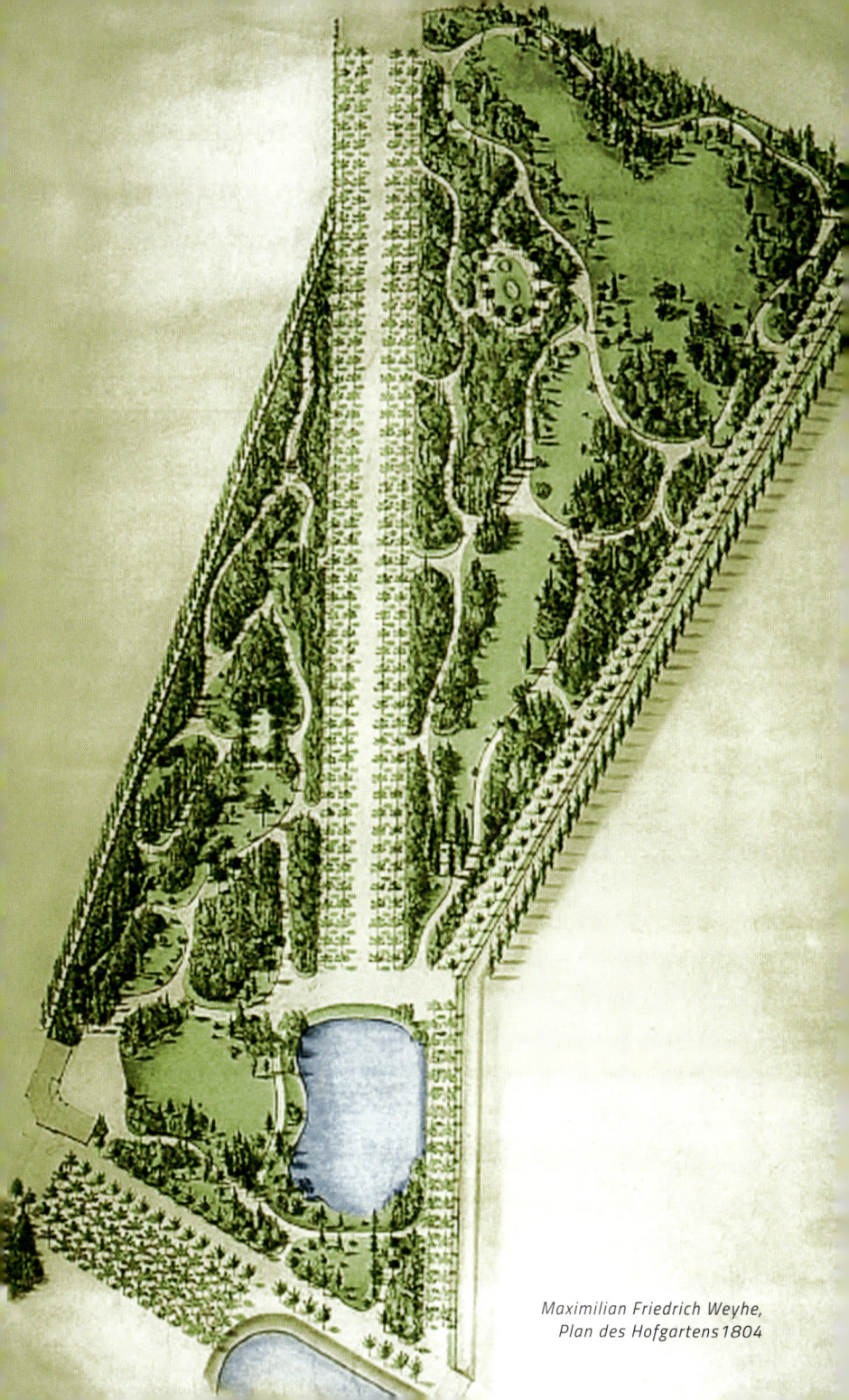

Maximilian Friedrich Weyhe,
Plan des Hofgartens 1804

AB 1802 DIE GARTENSTADT

ADOLPH VON VAGEDES

1

Das klassizistische Ratinger Tor gilt als sein Hauptwerk aus 24 produktiven Jahren in Düsseldorf: Der Stadtplaner und Architekt Adolph von Vagedes baut viele öffentliche Gebäude in der Stadt und hinterlässt vor allem mit seiner Stadtplanung heute noch sichtbare Spuren.

DER NEUE HOFGARTEN

Der Hofgarten hat eine lange, bewegte Geschichte. Außerhalb der Stadtmauer liegend, wird er erstmals 1557 als fürstlicher Hofgarten schriftlich erwähnt, verwildert nach dem Tod Jan Wellems 1716 und wird von Herzog Carl-Theodor ab 1769 zu einem öffentlichen Park ausgebaut. Schon wenig später jedoch zerstört ihn die französische Besatzung bei der Errichtung weiterer Stadtbefestigungen auf seinem Areal. Bald nach dem Abzug der Franzosen und der Sprengung der Befestigungsanlagen beginnt die Planung für einen neuen Hofgarten. Der Entwurf von Maximilian Weyhe sieht

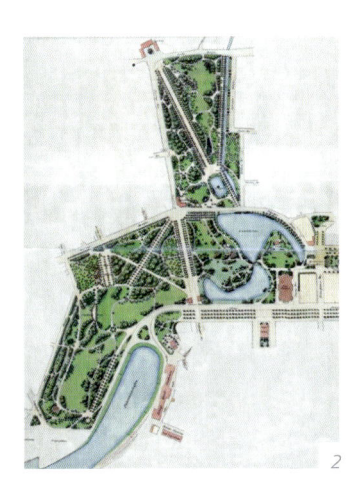

2

vor, den Park in einen Landschaftsgarten im englischen Stil zu verwandeln und ihn bis an den Rhein zu erweitern. Diese Wiederherstellung und Erweiterung dauert bis 1835 und prägt bis heute das Stadtbild von Düsseldorf.

1 Ratinger Tor
2 Plan des Hofgartens
3 Kunsthalle zwischen 1890/1900
4 Gustav Marx -1883:
Im Düsseldorfer Hofgarten

1775–1846 MAXIMILIAN FRIEDRICH WEYHE

KÖNIGLICHER GARTENDIREKTOR

40 JAHRE

Als der Gartenarchitekt Maximilian Weyhe 1846 in Düsseldorf stirbt, ist er königlicher Gartendirektor und hat mehr als 40 Jahre lang für die Gartenanlagen und die Grünflächen der Stadt Verantwortung getragen.

DER ALTE UND ...

Der alte fürstliche Hofgarten, der außerhalb der Stadtbefestigung liegt, wird 1769 noch vor dem Wirken Weyhes der Öffentlichkeit zugänglich gemacht und ist damit der älteste Volksgarten Deutschlands. Doch bereits 1795 zerstören ihn französische Truppen bei Befestigungsarbeiten wieder fast völlig.

... DER NEUE HOFGARTEN

Weyhes Hauptwerk ist die Umgestaltung und Erweiterung des alten Hofgartens, den er in einen Landschaftsgarten im englischen Stil verwandelt. Aber auch an weiteren Grünanlagen, die auf den ehemaligen Befestigungsanlagen Düsseldorfs entstehen – wie zum Beispiel die Königsallee –, wirkt er entscheidend mit.

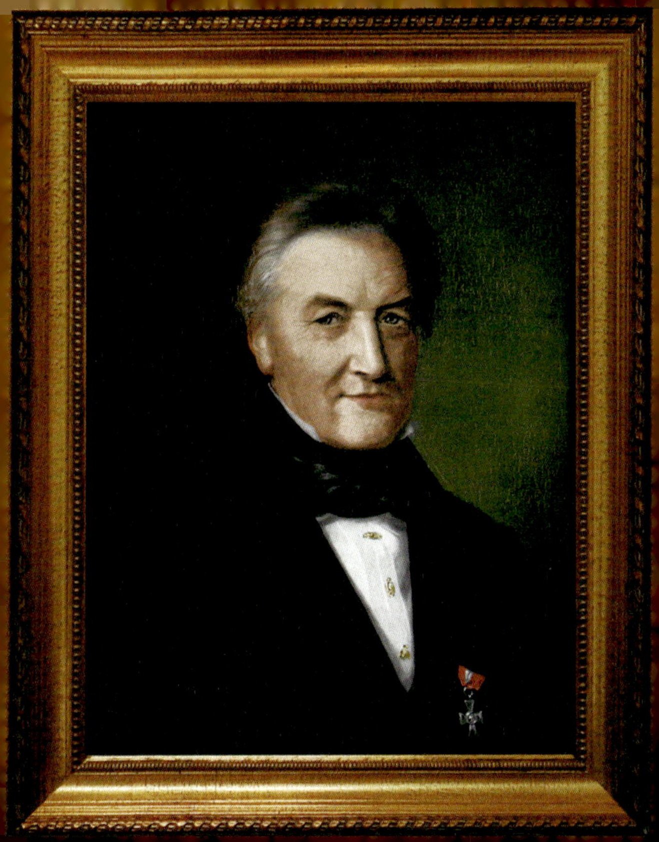

1806–1813 GROSSHERZOGTUM BERG

DAS GROSS~ HERZOGTUM BERG

Kaum sind die Franzosen 1801 aus Düsseldorf abgezogen, sind sie 1806 auch schon wieder da. Bis zu diesem Zeitpunkt ist Max Joseph, Kurfürst von Bayern, der Landesherr des Herzogtums Berg. Als er sich 1805 mit Napoleon verbündet und dafür zum König von Bayern erhoben wird, überlässt er Frankreich das Herzogtum Berg im Tausch gegen das Fürstentum Ansbach (zuvor lässt er aber noch große Teile der berühmten Gemäldegalerie aus Düsseldorf Richtung München abtransportieren). Zum neuen Herzog des Herzogtums ernennt Napoleon, der in vielen Fällen die Herrschaft in den eroberten Gebieten unter seinen Verwandten aufteilt, seinen General und Schwager Joachim Murat. Dieser zieht am 24. März 1806 feierlich in Düsseldorf ein. Kurz darauf entsteht das neue Großherzogtum Berg, und Düsseldorf ist nach vielen Jahren wieder eine wichtige Residenzstadt.

*François Gérard:
Großherzog
Joachim Murat*

1806–1813 GROSSHERZOGTUM BERG

GROSS-
HERZOGTUM

Düsseldorf wird Residenzstadt des neuen Großherzogtums Berg. Das Großherzogtum ist Teil des Rheinbunds, der die deutschen Länder unter Napoleons Einfluss zusammenfasst. Nach der Völkerschlacht von Leipzig 1813 löst sich das Großherzogtum Berg auf.

CODE CIVIL

1804 eingeführt von Napoleon Bonaparte, ist der Code Civil das französische Gesetzbuch für das Zivilrecht, das in der Folgezeit auch in den von Frankreich eroberten Ländern gilt. So natürlich auch im Großherzogtum Berg. Im Code Civil sind die Forderungen der Französischen Revolution gesetzlich verankert: Gleichheit und Freiheit (aller Männer) und die strikte Trennung von Staat und Kirche. Auch nach der Ära Napoleons behält der Code Civil im Rheinland als »Rheinisches Recht« seine Gültigkeit.

UNMUT

Anfangs sind die Franzosen in der Bevölkerung beliebt, weil sie neben der Einführung des Code Civil auch die Verwaltung modernisieren und alte Privilegien wie zum Beispiel die Leibeigenschaft abschaffen. Wirtschaftliche Not, hohe Steuern und nicht zuletzt die eingeführte Wehrpflicht, die die jungen Männer dazu zwingt, an Frankreichs Kriegen teilzunehmen, verschlechtern dann aber die Stimmung und führen schließlich zu Aufständen.

CODE CIVIL
DES
FRANÇAIS.

ÉDITION ORIGINALE ET SEULE OFFICIELLE.

GRAND JUGE ET MINISTRE DE LA JUSTICE.

À PARIS,
DE L'IMPRIMERIE DE LA RÉPUBLIQUE.
AN XII. — 1804.

1806–1813 GROSSHERZOGTUM BERG

BESUCH VON NAPOLEON

1

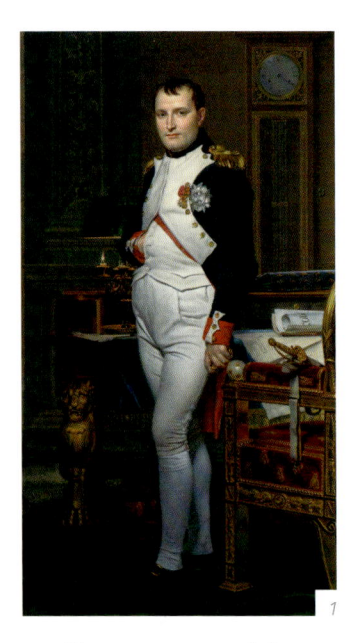

Großherzog Murat wird 1808 zum König von Neapel ernannt, worauf Napoleon selbst die Herrschaft über das Großherzogtum Berg übernimmt. Die Arbeit vor Ort leistet natürlich ein Regierungskommissar. 1811 besuchen Napoleon und seine Frau auf einer Inspektionsreise für die Dauer von vier Tagen Düsseldorf, wo das kaiserliche Paar begeistert empfangen wird.

VERSCHÖNERUNGSDEKRET

Kurz nach seinem Aufenthalt in Düsseldorf ordnet Napoleon an, dass das Gelände der gesprengten Festungsanlagen in den Besitz der Bürgerschaft übergeht. Hier sollen weitere öffentliche Grünflächen und Parks entstehen. Mit diesem Dekret und seiner finanziellen Unterstützung trägt Napoleon zur Entwicklung der grünen Stadt bei.

DIE ERSTE MESSE

1811 wird Düsseldorfs Messe-Tradition begründet: Mit der ersten Gewerbeausstellung in der Stadt präsentieren bergische Kaufleute und Fabrikanten Napoleon die Qualität ihrer Erzeugnisse. Sie versuchen damit beim Kaiser günstigere Bedingungen für ihren Handel zu erwirken – allerdings ohne Erfolg.

1 Napoleon in seinem Arbeitszimmer 1812, 2 Einzug Napoleons in Düsseldorf 1811
3 Übergang der Russen über den Rhein bei Düsseldorf in den Befreiungskriegen 1814

1795–1815

Einwohnerzahlen innerhalb der Stadtbefestigung: 1791 – 9.541, 1800 – 12.102, 1816 – 14.100, im gesamten Stadtgebiet: 1816 – 21.000

1803–1835
Anlage des neuen Hofgartens

1801
Sprengung der Stadtbefestigung

1775–1846
Maximilian Friedrich Weyhe

1800 **1900**

1811
Napoleon in Düsseldorf

1806–1813
Großherzogtum Berg

1795–1801
Besetzung durch die Franzosen

1758
Beschuss der Stadt im Siebenjährigen Krieg

1712–1786
Friedrich der Große, der »Alte Fritz«, etabliert mit seinen Kriegen Preußen als europäische Großmacht.

1769–1859
Der Forschungsreisende Alexander von Humboldt schafft durch die Erkenntnisse aus seinen Reisen ein breites Wissen von der Welt.

1759–1805
Friedrich Schiller ist einer der bedeutendsten deutschen Dramatiker und prägt zusammen mit Goethe die Weimarer Klassik.

1776
Am 4. Juli erklären 13 Kolonien ihre Unabhängigkeit von England und bilden die Vereinigten Staaten von Amerika.

1769
Die Dampfmaschine, deren Vorläufer entscheidend von James Watt weiterentwickelt wird, findet ihren Einsatz in Bergbau, Transport und Industrie.

1789
Die Französische Revolution verändert ganz Europa und beeinflusst entscheidend das moderne Demokratieverständnis.

1770–1827
Der in Bonn geborene Komponist Ludwig van Beethoven gehört zu den meistgespielten Komponisten der Welt.

1793–1815
Napoleon Bonaparte ist General, Diktator und Kaiser der Franzosen. Sein militärisches Talent führt zu einer Herrschaft Frankreichs über weite Teile Europas.

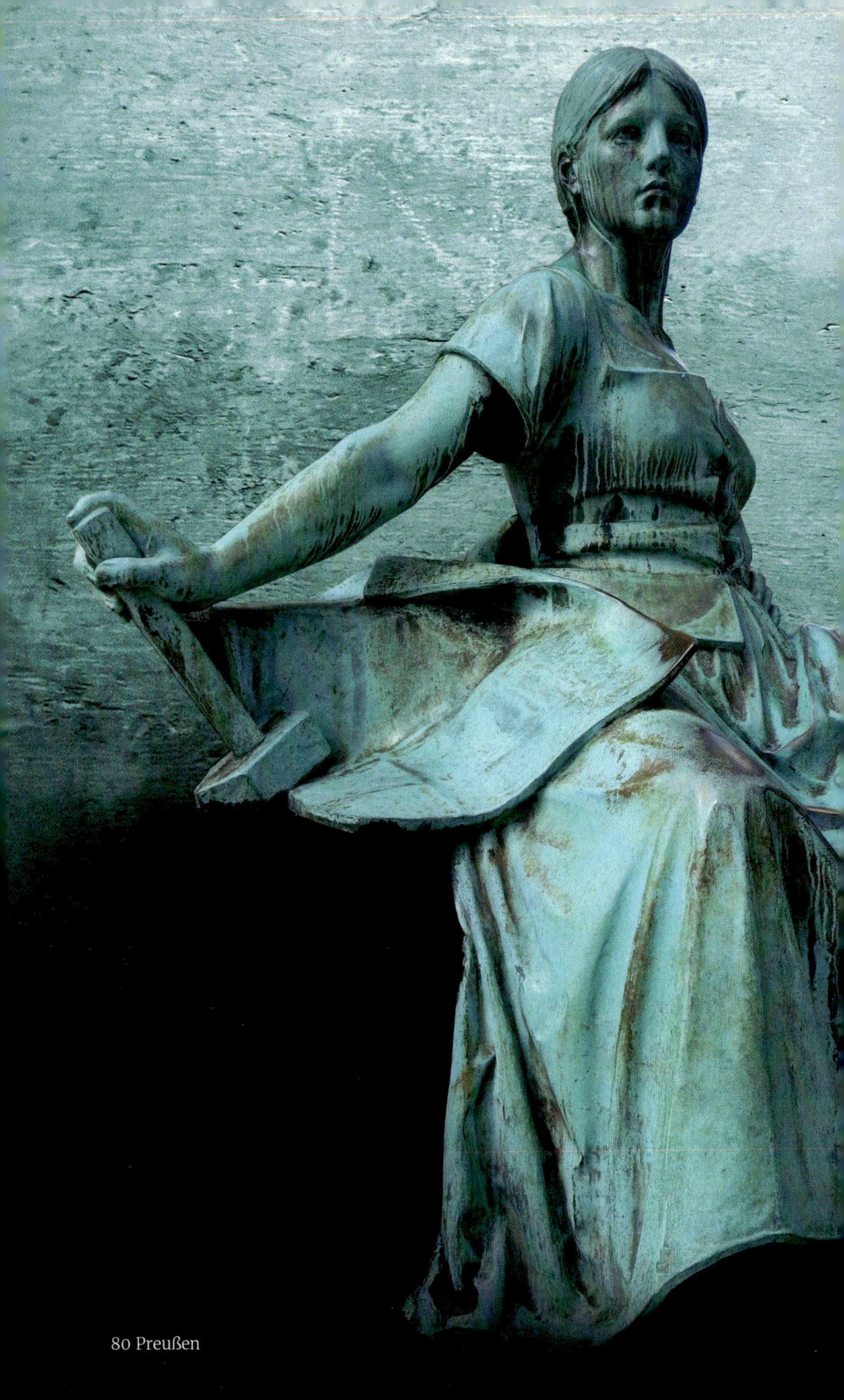

*Bismarck-Denkmal
in Düsseldorf (Detail)*

DIE PREUSSEN

AB 1815 DIE PREUSSEN IM RHEINLAND

DIE PREUSSEN IM RHEINLAND

Es ist erstaunlich, wie sehr sich Düsseldorf in den Jahren der preußischen Zugehörigkeit verändert. Zwar ist man am Anfang von den neuen Landesherren alles andere als begeistert: Das Rheinland ist im Gegensatz zum evangelischen Preußen überwiegend katholisch und dazu noch industriell weiter entwickelt. Außerdem ist es für die Düsseldorfer schwer zu ertragen, dass die ehemalige Residenzstadt des napoleonischen Großherzogtums unter den Preußen zur bedeutungslosen Kleinstadt degradiert wird. Aber in nur kurzer Zeit wird aus dieser Kleinstadt eine moderne Großstadt, wobei weniger die Preußen als vielmehr die sich rapide entwickelnde Industrie eine entscheidende Rolle spielt. Der kulturelle Aufschwung Düsseldorfs allerdings mit seiner von den Preußen neu gegründeten Kunstakademie und der daraus hervorgehenden weltberühmten Düsseldorfer Malerschule ist eindeutig ein Verdienst der neuen Landesherren.

Franz Krüger, 1837:
Friedrich Wilhelm III. von Preußen

AB 1815 DIE PREUSSEN IM RHEINLAND

WIENER KONGRESS

Als der Wiener Kongress nach der Niederlage Napoleons die Länder Europas neu ordnet, erhält Preußen das Rheinland. Es hat dadurch Zugriff auf die Rohstoffe im Ruhrgebiet, dehnt sein Herrschaftsgebiet bis an den Rhein aus und nimmt ab sofort im deutschsprachigen Raum eine zentrale Rolle ein.

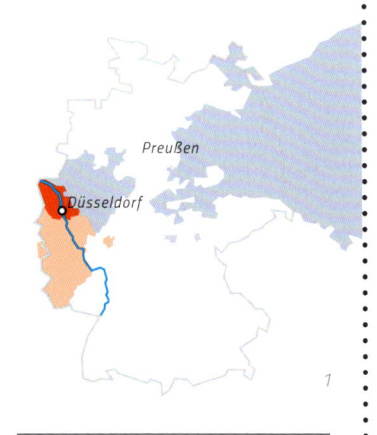

einem Vorgänger des Parlaments für die preußische Rheinprovinz. Dadurch gewinnt die Stadt wieder etwas mehr an politischem Gewicht.

GARNISONS- STADT

Düsseldorf ist seit dem 16. Jahrhundert wiederholt Garnisonsstadt. Auch in der Zeit der Übernahme durch die Preußen ist das Militär in der Stadt zahlreich und sichtbar vertreten. 1820 wird der Neffe des preußischen Königs, Prinz Friedrich von Preußen, Kommandeur der 14. Division in Düsseldorf. Er residiert mit seiner Familie in Schloss Jägerhof und verleiht damit Düsseldorf wieder einen Hauch von Residenzstadt.

PROVINZIAL- LANDTAG

1824 wird Düsseldorf Sitz der Rheinischen Provinzialstände,

84 Preußen

1 Preußen und die Rheinprovinz
(rot: Regierungsbezirk Düsseldorf)
2 Provinzial-Ständehaus in Düsseldorf
3 Ulanendenkmal von 1929

AB 1819 DÜSSELDORFER MALERSCHULE

DIE DÜSSELDORFER MALERSCHULE

Mit der Neugründung der bestehenden Kunstakademie in Düsseldorf als *Königlich Preußische Kunstakademie* beabsichtigen die Preußen in erster Linie, das rheinische Bürgertum gegenüber ihrem neuen Landesherrn positiv zu stimmen. Ihren Anfang nimmt die Akademie, die aus der Zeichenschule des Malers und Kunstsammlers Lambert Krahe hervorgeht, bereits 1773 unter Carl-Theodor. Spätestens aber mit ihrem neuen Direktor Friedrich Wilhelm von Schadow entwickelt sie sich ab 1826 dann zu einer Kunsthochschule von internationalem Ruf. Für die aus ihr hervorgehenden Maler wird recht bald der Begriff *Düsseldorfer Malerschule* geprägt. Unter den in der Zeit von 1819–1918 geschaffenen Kunstwerken finden sich die unterschiedlichsten Gattungen, wie zum Beispiel Porträt-, Historien- und Landschaftsmalerei.

*Friedrich Boser, 1844:
Die Bilderschau der Düsseldorfer Künstler
im Galeriesaal (Detail)*

AB 1819 DÜSSELDORFER MALERSCHULE

VON SCHADOW

Zusammen mit Peter von Cornelius gilt der Maler Friedrich Wilhelm von Schadow als Begründer der Düsseldorfer Malerschule. Von 1826 bis 1859 führt er als Direktor der Düsseldorfer Kunstakademie wesentliche Verbesserungen des Kunststudiums ein, wie zum Beispiel die engere Beziehung zwischen Studenten und ihren Lehrern. Eine wichtige Rolle im Kulturleben der Stadt spielt auch der von Schadow mitgegründete *Kunstverein für die Rheinlande und Westfalen*.

WELTWEIT

Durch einen großen Zulauf von ausländischen Studenten speziell in den 1840er- bis 1860er-Jahren verbreitet sich der Ruf der Düsseldorfer Malerschule weltweit, so beispielsweise auch bis in die Vereinigten Staaten von Amerika.

1 Eduard Bendemann: Bildnis Wilhelm von Schadow
2 Emanuel Leutze: Washington überquert den Delaware, 3 Johann Wilhelm Schirmer:
Heranziehendes Gewitter, 4 Johann Peter Hasenclever: Atelierszene

AB 1818 MUSIKLEBEN

DAS MUSIKLEBEN

Das ist schon ein ehrgeiziges Projekt des Städtischen Musikvereins zu Düsseldorf, den bedeutenden Komponisten, Pianisten und Dirigenten Felix Mendelssohn Bartholdy 1833 als Musikdirektor nach Düsseldorf zu holen. Denn hier findet der schon damals renommierte Künstler größtenteils Laienmusiker vor, mit denen er das gesamte musikalische Programm der Stadt bestreiten soll. Trotzdem schafft er in den zwei Jahren seines Wirkens, dass in Düsseldorf ein geregeltes Musikleben entsteht. Als er sich mit dem Direktor des Düsseldorfer Stadttheaters, Karl Immermann, entzweit und 1835 an das Gewandhausorchester nach Leipzig berufen wird, verlässt er die Stadt, in der er sich nach eigenen Angaben sehr wohl gefühlt hat. Jahre später wird Robert Schumann als Musikdirektor in Düsseldorf weniger glücklich.

Friedrich Wilhelm von Schadow, 1834:
Felix Mendelssohn Bartholdy

AB 1818 MUSIKLEBEN

MUSIKVEREIN

Ab 1818 liegt das Düsseldorfer Musikleben in den Händen der Bürger: Der Städtische Musikverein zu Düsseldorf e.V. bestreitet als einer der traditionsreichsten Laienchöre nicht nur in eigener Regie Konzerte, sondern fühlt sich auch für das Musikleben Düsseldorfs verantwortlich.

ROBERT SCHUMANN

Von 1850 bis 1854 ist der Komponist Robert Schumann, der zu den bedeutendsten Komponisten der Romantik zählt, wie zuvor Mendelssohn städtischer Musikdirektor. Schon bald kommt es bei Schumanns Arbeit mit Chor und Orchester zu Problemen, die durch seine Depressionen verstärkt werden. Schließlich kündigt er seine Stellung als Musikdirektor zum 1. Oktober 1854 nach einem Eklat während einer Orchesterprobe.

SPRUNG IN DEN RHEIN

Ab Februar 1854 verschlimmern sich Schumanns Wahnzustände rapide. Am 27. Februar stürzt er sich in Selbsmordabsicht von der Oberkasseler Pontonbrücke in den Rhein. Nach seiner Rettung wird er in eine Heilanstalt in Bonn eingewiesen, wo er am 29. Juli 1856 stirbt.

1 Robert und Clara Schumann, geb. Wieck
2 Schiffbrücke am Rhein
3 Robert Schumann 1850

1848 MÄRZREVOLUTION

DIE MÄRZREVOLUTION

Die Geschichte ist spektakulär, aber höchstwahrscheinlich erfunden: Als der preußische König Friedrich Wilhelm IV. im August 1848 in seiner Kutsche über die damalige Kastanienallee zum Schloss Jägerhof fährt, wird er von lautstark protestierenden Düsseldorfern empfangen, die – so geht die Geschichte – den königlichen Gast sogar mit Pferdeäpfeln bewerfen. Als Sühne für diese Missetat benennt die Stadt dann später die Kastanienallee in Königsallee um. Nicht erfunden hingegen ist, dass Düsseldorf in dieser Zeit als »Hauptherd der Anarchie und Unordnung für die Rheinprovinz« gilt. Die Gründe für diese antipreußische Stimmung sind in der Verarmung der arbeitenden Bevölkerung, in den durch Missernten verursachten Preissteigerungen und nicht zuletzt im Wunsch nach mehr Demokratie zu suchen.

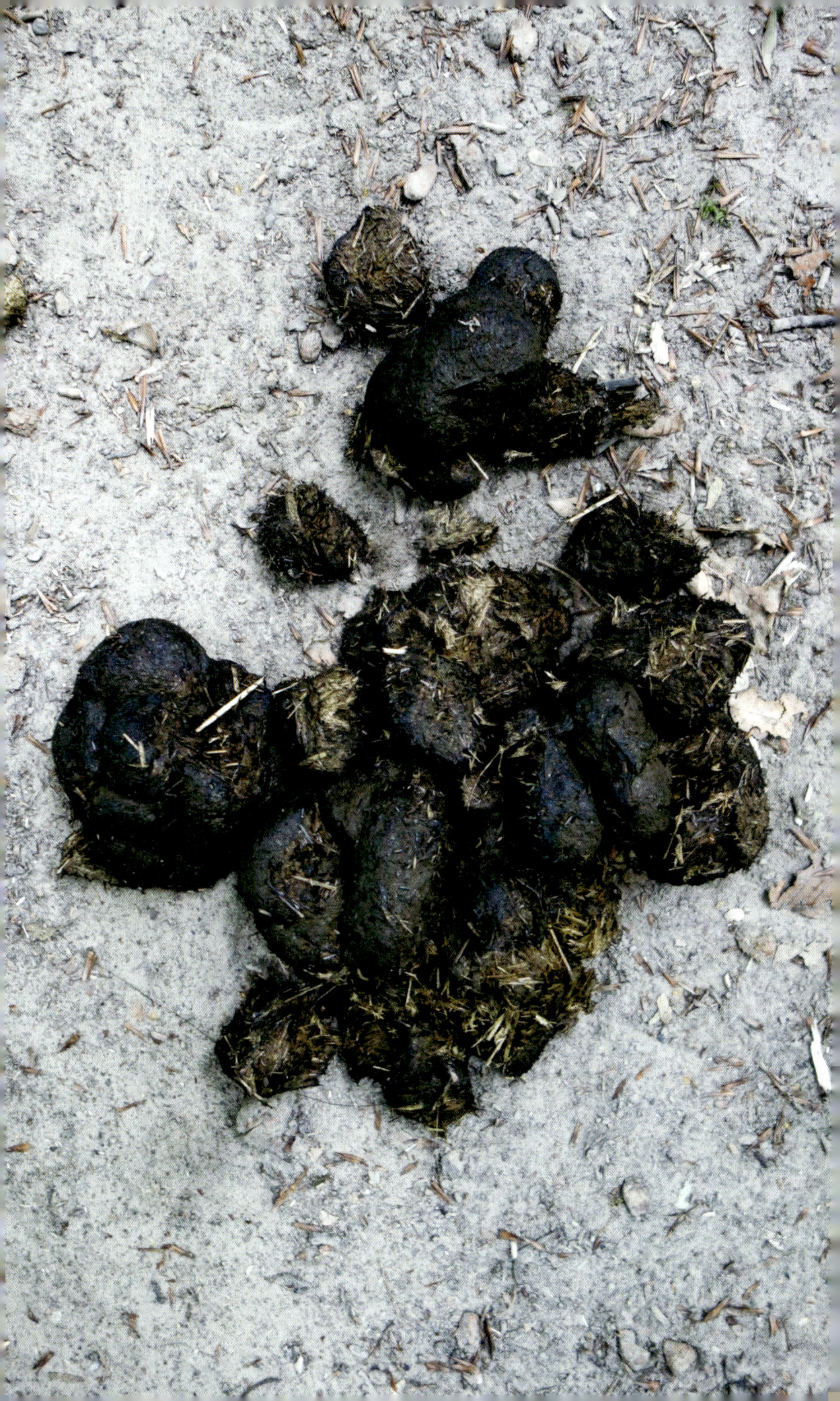

1848 MÄRZREVOLUTION

BARRIKADENKAMPF

Als es 1848 aufgrund der Unzufriedenheit mit den politischen Verhältnissen in Deutschland zur Märzrevolution kommt, bildet sich auch in Düsseldorf eine Bürgerwehr. Unter der Führung von Lorenz Cantador ruft sie zum offenen Widerstand auf. Schließlich schlägt die Armee im Mai 1849 den Aufstand in blutigen Barrikadenkämpfen nieder, wobei mehr als 20 Menschen ihr Leben verlieren.

FERDINAND LASSALLE

Er hat Kontakt zu Marx und Engels und ist der geistige Vater der deutschen Sozialdemokratie: Während der Unruhen in Düsseldorf ruft Ferdinand Lassalle zur Steuerverweigerung und zur Bewaffnung der Bürger auf. Zu dieser Zeit vertritt er die Gräfin Sophie von Hatzfeldt in deren Scheidungsverfahren. Sie schließt sich Lassalles Anschauungen an und baut mit ihm eine sozialdemokratische Arbeiterbewegung auf.

1

1 Johann Peter Hasenclever, 1848/1849: Arbeiter vor dem Stadtrat
2 Büste von Ferdinand Lassalle im Gartenpavillon des Kalkumer Schlosses, dem ehemaligen Wohnsitz der Gräfin von Hatzfeldt

DER UNBEQUEME

ZENSUR

Der berühmteste Sohn der Stadt Düsseldorf ist Heinrich Heine, einer der bedeutendsten deutschen Autoren. Als Dichter, Journalist, Schriftsteller und Chronist der Zeitgeschichte prägt er die deutsche Sprache nachhaltig und wird wegen seiner polemischen Schriften in Deutschland zensiert und schließlich verboten.

DÜSSELDORF

Er wird als Harry Heine 1797 in der Altstadt geboren und verbringt die Jahre bis zum Ende seiner Schulzeit 1814 in Düsseldorf. Nach seinem Jurastudium lässt er sich 1825 christlich taufen, um seine Berufschancen im judenfeindlichen Preußen zu verbessern, und nennt sich ab sofort Heinrich Heine. Schließlich siedelt er 1831 nach Paris über, wo er bis zu seinem Tod lebt und schreibt.

MATRATZENGRUFT

Die letzten acht Jahre seines Lebens muss er wegen einer schweren Krankheit fast vollständig gelähmt im Bett (von ihm als »Matratzengruft« bezeichnet) verbringen. Er stirbt 1856 und wird auf dem Friedhof von Montmartre beigesetzt.

Moritz Daniel Oppenheim, 1831:
Heinrich Heine

AB 1850 INDUSTRIALISIERUNG

INDUSTRIE IN DER STADT

Ist Düsseldorf Anfang des 19. Jahrhunderts noch eine kleine preußische Provinzstadt, setzt ab 1850 mit der Industrialisierung ein rasches Wachstum der Stadt ein. Die Bedingungen für die Ansiedlung von Unternehmen sind gut: Hier gibt es billiges Bauland und mit den frühen Eisenbahnstrecken und dem Rhein gut entwickelte Verkehrswege. Als die Industrialisierung mit der Reichsgründung 1871 dann vollends Fahrt aufnimmt, machen die vielen Metall verarbeitenden Firmen Düsseldorf zu einem Zentrum der deutschen Röhrenindustrie. Aber auch andere Unternehmen sind in Düsseldorf erfolgreich: zum Beispiel die Gerresheimer Glashütte, einer der größten Glashersteller im damaligen Deutschen Reich, und die Firma Henkel, die ihr Unternehmen aufgrund besserer Verkehrsanbindungen nach Düsseldorf verlegt.

Der erste Markenartikel-Erfolg: Henkel's Bleich-Soda kommt im Jahr 1878 auf den Markt (Abbildung Konzernarchiv Henkel).

DIE ERSTE EISENBAHN

Nur vier Jahre nach der ersten Fahrt einer Eisenbahn in Deutschland wird 1838 die Eisenbahnstrecke von Düsseldorf nach Erkrath eröffnet. Die Idee dabei ist, den Rhein als Transportweg mit dem bereits industrialisierten Bergischen Land zu verbinden. Der erste Bahnhof steht am Südende der Königsallee. Dort behindert er jedoch die Ausweitung der Stadt, sodass er 1891 auf den Platz des jetzigen Hauptbahnhofs verlegt wird. Bereits drei Jahrzehnte später ist der neue Bahnhof zu klein, und so wird schließlich von 1932 bis 1936 der auch heute noch existierende Bahnhof gebaut.

HANDEL AUF DEM RHEIN

Als 1831 die Zölle für den Handel per Schiff aufgehoben werden, kann sich dieser nahezu ungehindert auf dem Rhein entwickeln. Für den Schiffsverkehr zwischen Mannheim und Rotterdam wird kurz darauf die Dampfschifffahrts-Gesellschaft gegründet, die ihren Sitz in Düsseldorf hat.

1 Ehemaliges Bergisch-Märkisches Bahnhofsgebäude am Südende der Königsallee
2 Gedenktafel am Hauptbahnhof

AM 20. DEZEMBER DES JAHRES 1838 FUHR DIE ERSTE EISENBAHN IN WESTDEUTSCHLAND VON DÜSSELDORF NACH ERKRATH

AB 1850 INDUSTRIALISIERUNG

OBERBILKER STAHLWERKE

Die gute Eisenbahnanbindung an die Kohlegruben des Ruhrgebiets macht den Düsseldorfer Stadtteil Oberbilk zu einem attraktiven Standort für die neue Stahlindustrie. Speziell die Industriellenfamilie Pönsgen legt den Grundstein für die Großindustrie in Düsseldorf. Sie gründet in der Stadt mehrere Produktionsstätten, aus denen später die Düsseldorfer Röhren- und Eisenwalzwerke AG hervorgeht.

MANNESMANN RÖHREN

Auch die Firma Mannesmann ist wie einige andere Düsseldorfer Unternehmen auf die

Herstellung von Stahlrohren spezialisiert. Sie siedelt ihre Produktion am Stadtrand an, während die Verwaltung repräsentativ am Düsseldorfer Rheinufer sitzt.

WASCHMITTEL~ FABRIK HENKEL

Persil von Henkel – wer kennt es nicht? Fritz Henkels Waschmittelfabrik steht zunächst in Aachen, bevor er sie 1878 nach Düsseldorf verlegt. Hier hat er mit seinem Bleichsoda, das er in handlichen Päckchen verkauft, sofort großen Erfolg. Erst 1907 bringt Henkel dann Persil auf den Markt, das »erste selbsttätige Waschmittel der Welt«.

1 Relief am ehemaligen Stahlwerk Oberbilk
2 Fritz Henkel, Gründer des Henkel-Konzerns
3 Düsseldorfer Röhren- und Eisenwalzwerke

AB 1850 INDUSTRIALISIERUNG

RÜSTUNGS-KONZERN RHEINMETALL

1

Fast 8000 Mitarbeiter beschäftigt das Unternehmen Rheinmetall zu Beginn des Ersten Weltkrieges und ist damit einer der größten Rüstungshersteller im Deutschen Reich. 1889 gestartet als Munitionslieferant, hält Rheinmetall später Patente auf die Herstellung von nahtlosen Rohren und die Konstruktion neuartiger Waffen.

GERRESHEIMER GLAS

Ferdinand Heye ist erst 25 Jahre alt, als er 1864 in Gerresheim eine Glashütte errichtet, die bereits 1886 mit 45 Millionen Flaschen der größte Glasflaschenhersteller der Welt ist. Heye weiß um den Wert seiner Arbeiter für sein Unternehmen, und so fördert er soziale Einrichtungen und Versicherungen für seine Belegschaft. Mit den von ihm errichteten Werkswohnungen erfährt er internationale Anerkennung.

2

1 Abwehrkanone L/30 Rheinmetall auf Lastkraftwagen
2 bis 4 Gerresheimer Glashütte (Archiv Otfried Reichmann)

AB 1871 SCHREIBTISCH DES RUHRGEBIETS

DER SCHREIBTISCH DES RUHRGEBIETS

Dieses Bild stellt sich sofort ein: Im Ruhrgebiet macht man sich bei der Kohleförderung und der Stahlerzeugung die Hände schmutzig, in Düsseldorf sitzt man mit weißen Manschetten in Büros und macht saubere Geschäfte. Aber wieso in Düsseldorf? Von Bedeutung sind natürlich die verkehrsgünstige Lage und die Nähe zum Ruhrgebiet. Nicht zu unterschätzen sind aber auch die aus der Zeit als Residenzstadt herrührende Dichte der kulturellen Einrichtungen samt künstlerischem Milieu der Stadt – beides günstige Voraussetzungen für Tagungen, Messen und berufliche Zusammenkünfte. Speziell die hier stattfindenden Industriemessen dienen zum Informationsaustausch und zur Pflege von Geschäftsbeziehungen. So wird Düsseldorf eine Stadt mit Verwaltungen und Verbänden verschiedener Industriezweige, später auch mit Banken und Versicherungen. Aber: Zeitgleich existieren hier viele industrielle Produktionsstätten, sodass auch in Düsseldorf die Hände sehr wohl schmutzig werden.

Neuer Stahlhof 1928

AB 1871 SCHREIBTISCH DES RUHRGEBIETS

STAHLHOF

Um sich gegen die amerikanische Konkurrenz behaupten zu können, schließen sich die deutschen Stahlhersteller zum Stahlwerksverband zusammen. Als Zeichen ihrer Macht lassen sie 1908 in Düsseldorf den monumentalen Stahlhof errichten.

BÖRSE

Die Bedeutung der Stadt als Finanzplatz wird 1875 wesentlich durch die Börse Düsseldorf gesteigert, die zusätzlich zu den vielen Banken und Versicherungen gegründet wird.

BAUBOOM

Als Schreibtisch des Ruhrgebiets investiert die Stadt zusammen mit privaten Geldgebern auch in den repräsentativen Ausbau. So werden zum Beispiel um die Jahrhundertwende die hochwassergefährdeten Häuser am Rhein zugunsten einer sicheren Uferstraße abgerissen. Damit entsteht die erste Rheinuferpromenade. 1896–1898 wird die Brücke nach Oberkassel gebaut, 1902 der Kunstpalast und zahlreiche herrschaftliche Verwaltungsbauten.

INDUSTRIE-, GEWERBE- UND KUNST- AUSSTELLUNG 1902

Ihr Vorbild ist die Weltausstellung 1900 in Paris: In Düsseldorf findet 1902 am neu gestalteten Golzheimer Rheinpark die große Industrie-, Gewerbe- und Kunstausstellung statt. Nicht als erste Messe dieser Art in Düsseldorf, denn bereits 1880 gibt es eine ähnlich erfolgreiche Ausstellung. 1902 werden dann rund fünf Millionen Besucher gezählt, unter ihnen Kaiser Wilhelm II., der sich nebenbei in die Gestaltung der Hauptindustriehalle einmischt. Hier und in den eigens von den Ausstellern gebauten Hallen präsentiert sich die deutsche Industrie, speziell der Bergbau und die Metall verarbeitende Schwerindustrie. Außerdem entstehen in der Stadt zu diesem Anlass auch weitere Gebäude wie der Kunstpalast und das Parkhotel an der Königsallee. Zusätzlich zum finanziellen Erfolg tritt Düsseldorf am Ende als Hauptstadt einer modernen, aufstrebenden Industrieregion in Erscheinung.

1 Düsseldorfer Stahlhof
2 Düsseldorfer Börse
3 Bau der Oberkasseler Brücke, Stand 9. Juni 1898
4 Maschinenhalle auf der Messe

CA. 1380–1872 SCHLOSS

DAS SCHLOSS

Der Turm ist alles, was vom Düsseldorfer Schloss noch übrig geblieben ist. Er hat in etwa die Form, die ihm der Architekt Alessandro Pasqualini 1551 gibt, als er für Herzog Wilhelm den Reichen das bestehende Schloss ausbaut. Spätestens ab 1382 ist an dieser Stelle eine Burg verbürgt, die zu jener Zeit noch auf einer inselähnlichen Anhöhe liegt, von zwei Armen der Düssel geschützt. Bis zu seinem endgültigen Abriss wird das Schloss im Lauf der Jahrhunderte mehrmals umgebaut oder nach Zerstörungen sogar wieder vollkommen neu errichtet. Als es dann 1872 aus ungeklärter Ursache abbrennt, entschließt man sich zum endgültigen Abbruch der Ruinen und lässt nur den Turm stehen.

Der Schlossturm am Burgplatz

CA. 1380–1872 SCHLOSS

BAUSTELLE

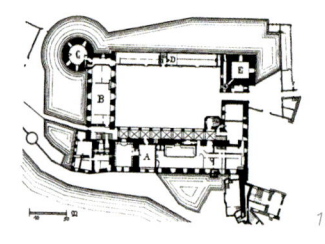

Durch häufige Umbauten verändert das Schloss im Lauf der Jahrhunderte ständig sein Gesicht. Beispielsweise entschließt sich 1755 Carl Theodor, das baufällige Schloss abzureißen und ein neues zu bauen. Und das, obwohl seit dem Tod Jan Wellems die Herzöge längst nicht mehr in Düsseldorf residieren. Das neue Schloss wird dann aber wenig später vom französischen Revolutionsheer schon wieder zerstört.

ABGEBRANNT

Das erste Mal brennt das Schloss im Jahre 1442 ab, 1510 erneut. Und das wird nicht das letzte Mal sein. Neben feindlichem Beschuss bleiben die Ursachen für die Brände oft ungeklärt.

114 Preußen

1 Grundriss des alten Schlosses, 2 Schloss von Westen, Bauzustand frühes 18. Jh., 3 Schloss um 1798, 4 Schlossbrand 1872, 5 Schlossruine nach dem Brand

1882 DIE GROSSSTADT

DIE GROSSSTADT

Im Jahre 1882 ist es dann soweit: Düsseldorf hat 100.000 Einwohner und kann sich nun offiziell Großstadt nennen. Erstaunlich, denn 1840 leben erst 30.000 Einwohner in der Stadt. Doch das schnelle Wachstum der Industrie, das um 1850 einsetzt, führt zwangsläufig zu einer rasanten Steigerung der Bevölkerungszahlen. Neue Stadtteile werden gebaut, und durch die Eingemeindungen umliegender Orte vergrößert sich die Einwohnerzahl rapide. Infolgedessen werden neue Verkehrswege nötig, wie zum Beispiel die Oberkasseler Brücke, die 1898 fertig wird und die linksrheinischen Stadtteile anbindet. Außerdem der Neubau des Hauptbahnhofs und des Derendorfer Güterbahnhofs an verkehrstechnisch günstiger Stelle. Zusätzlich wird 1890 mit dem Bau eines neuen Hafens begonnen. So verändert die Stadt Düsseldorf innerhalb weniger Jahre komplett ihr Gesicht.

*Bau der Oberkasseler Brücke:
Fertigstellung des
rechten Uferpfeilers*

1882 DIE GROSSSTADT

REICH UND VERZIERT

Ein Zeichen für das hohe Lohnniveau eines Teils der Düsseldorfer Bevölkerung sind die vielen reich verzierten repräsentativen Gebäude, die in den letzten Jahren des 19. Jahrhunderts entstehen. Ganze Wohnviertel werden im damaligen Stil der Gründerzeit gebaut.

NEU IN DER STADT

Vieles entsteht in Düsseldorf in den Jahren nach der Reichsgründung 1871, die am Ende des Krieges gegen Frankreich erfolgt: Ab 1874 gibt es einen Zoo, 1875 wird das Stadttheater an der Alleestraße errichtet, 1879 wird die Kunstakademie neu gebaut, 1888 bekommt die Stadt ihr erstes Hallenbad und 1899 ist das neue Apollo-Theater fertig.

1 Alte städtische Tonhalle
2 Bau Oberkasseler Brücke Stand Ende August 1898
3 Apollo-Theater
4 Alter Hauptbahnhof
5 und 6 Alleestraße, heute Heinrich-Heine-Allee

118 Preußen

5

6

1851–1924 WILHELM MARX

DER EHRENBÜRGER

OBERBÜRGERMEISTER

Als Oberbürgermeister verändert Wilhelm Marx in den Jahren zwischen 1899 und 1910 die Stadt wie kein zweiter. Er macht Düsseldorf zu einer modernen Metropole und festigt ihren Ruf als Ausstellungsstadt. Dafür ernennt man ihn 1910 zum Ehrenbürger.

INDUSTRIESTADT

Die Liste seiner Maßnahmen ist lang. Mit Unterstützung der ansässigen Industriellen lässt er zum Beispiel die Oberkasseler Brücke bauen, den neuen Rheinhafen anlegen und macht das Rheinufer hochwassersicher. Unter seinem Einfluss entsteht auch der Stahlhof, der Düsseldorfs Ruf als Schreibtisch des Ruhrgebiets mitbegründet.

SOZIAL

Für die schnell wachsende Bevölkerung gibt es das erste Hallenbad, die Krankenanstalten und ein großes Beschäftigungsprogramm für Arbeitslose. Außerdem bewirkt er die Modernisierung des Schulwesens und unterstützt auf kulturellem Gebiet den Bau des Schauspielhauses und des Apollo-Theaters.

*Wilhelm Marx,
Heimatbrunnen (Detail)*

1864–1918 DIE KRIEGE

DIE KRIEGE

HELDEN-TOD?

Seit 1814 gilt in Preußen die allgemeine Wehrpflicht, und so müssen auch Düsseldorfer in die Kriege ziehen, die unter maßgeblichem Kommando von Preußen geführt werden: 1864 gegen Dänemark, 1866 gegen Österreich und 1870/71 gegen Frankreich. Im Jahr 1892 wird der sogenannte Heldentod in diesen Kriegen mit dem Denkmal im Hofgarten pathetisch verklärt.

1914/18

Entfernt von den Kriegshandlungen erleidet die Stadt keine Zerstörungen. Aber es sterben auch jetzt wieder Düsseldorfer an der Front. Im Laufe des Krieges verschlechtert sich die Versorgungslage der Bevölkerung in der Stadt und führt schon vor der Novemberrevolution 1918 zu ersten Hungerrevolten und Plünderungen.

1 Kriegerdenkmal im Hofgarten
2 Erbeutete Kanone auf dem Hindenburgwall, heute Heinrich-Heine-Allee
3 Bergischer Löwe aus Holz für Nagelspenden

1815–1918

Eingemeindungen: 1908 Wersten, 1909 Eller, Gerresheim, Grafenberg, Heerdt, Himmelgeist, Lörick, Ludenberg, Niederkassel, Oberkassel, Rath, Stockum, Unterrath, Vennhausen.
Einwohnerzahlen: 1841 – 31.000, 1882 – 100.000, 1917 – 390.000

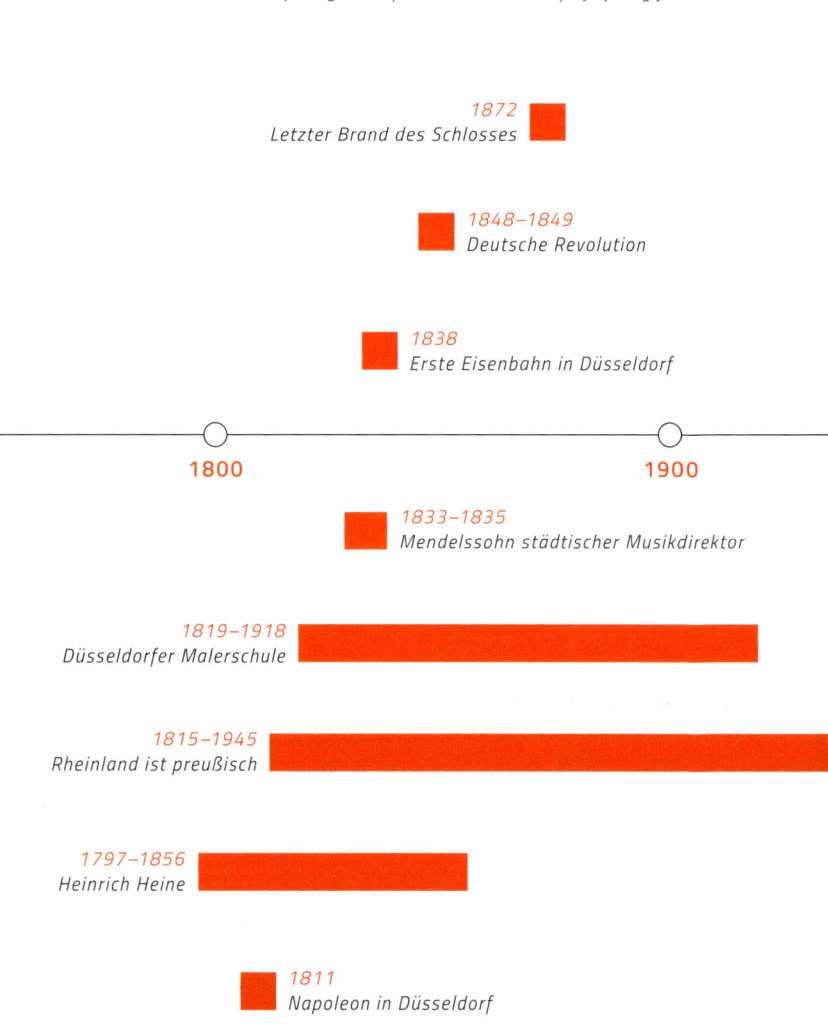

1872
Letzter Brand des Schlosses

1848–1849
Deutsche Revolution

1838
Erste Eisenbahn in Düsseldorf

1800   **1900**

1833–1835
Mendelssohn städtischer Musikdirektor

1819–1918
Düsseldorfer Malerschule

1815–1945
Rheinland ist preußisch

1797–1856
Heinrich Heine

1811
Napoleon in Düsseldorf

1749–1832
Johann Wolfgang von Goethe ist einer der wichtigsten deutschen Dichter. Sein »Faust« ist das bedeutendste Werk deutschsprachiger Literatur.

1825
Die erste Eisenbahn fährt 1825 in England, 1835 im Deutschen Bund zwischen Nürnberg und Fürth.

1848
Mit dem »Kommunistischen Manifest« schreiben Karl Marx und Friedrich Engels ihre Ideen des Marxismus fest.

1859
Charles Darwins Evolutionstheorie über die natürliche Auslese und die Entstehung der Arten führt zu gesellschaftlichen und kirchlichen Auseinandersetzungen.

1861–1865
Im Amerikanischen Bürgerkrieg kämpfen die Nordstaaten gegen die Südstaaten. Der Sieg des Nordens führt unter anderem zur Abschaffung der Sklaverei.

1886
Die Fahrt des ersten Autos mit Verbrennungsmotor, entwickelt von Carl Benz.

1914–1918
Der Erste Weltkrieg beginnt mit dem Attentat in Sarajewo und endet mit der Niederlage des deutschen Kaiserreichs und etwa 10 Millionen toten Soldaten.

1917
Die Oktoberrevolution in Russland beseitigt die Herrschaft der Zaren und bringt die Bolschewiki an die Macht. Treibende Kraft ist der Revolutionär Wladimir Iljitsch Lenin.

DIE JAHRE DER WEIMARER REPUBLIK

Notgeld der Stadt Düsseldorf

1918–1919 NOVEMBERREVOLUTION

NOVEMBER~ REVOLUTION

Soldaten werden in Düsseldorf mit der Aufrechterhaltung der Ordnung beauftragt

Die Novemberrevolution von 1918, die im Deutschen Reich zur Abdankung des Kaisers und zur parlamentarischen Demokratie führt, vollzieht sich auch in Düsseldorf, wo sich aus Sozialisten und Kommunisten ein Arbeiterrat bildet. Es kommt zu Besetzungen von Kasernen und zu Kämpfen mit reaktionären Freikorps, bei denen am 10. Januar 1919 fünfzehn Menschen erschossen werden.

ROTE STADT

Bis zum Ende der Weimarer Republik 1933 ist Düsseldorf eine Hochburg der Kommunisten. So wird die *Kommunistische Partei Deutschlands* bei den Reichstagswahlen 1932 die stärkste Partei in der Stadt – in Gerresheim erreicht sie sogar einen Stimmenanteil von 77,5%.

1921–1925 FRANZÖSISCHE BESETZUNG

FRANZÖSISCHE BESETZUNG

Gegen Mittag des 8. März 1921 rücken die Franzosen über den Rhein in Düsseldorf, Duisburg, Mülheim und Oberhausen ein. Den offiziellen Grund liefern ausstehende Reparationszahlungen der deutschen Regierung an Frankreich. Während die linke Rheinseite schon seit 1918 von belgischen Truppen besetzt ist, kommt es ab 1921 im rechtsrheinischen Düsseldorf durch die Franzosen zur Beschlagnahmung vieler öffentlicher Gebäude, Schulen, Hotels und Wohnungen. Die Versammlungsfreiheit wird aufgehoben, die Presse wird zensiert. 1923 erfolgt dann von Duisburg und Düsseldorf aus die Besetzung des Ruhrgebiets, woraufhin die deutsche Reichsregierung zum passiven Widerstand aufruft. Dennoch kommt es auch in Düsseldorf zu militanter Gegenwehr und Sabotageakten, die erst mit dem Abzug der Franzosen am 25. August 1925 enden. Die linke Rheinseite bleibt aber noch bis Ende Januar 1926 besetzt.

Französische Soldaten während der Ruhrbesetzung

1921–1925 FRANZÖSISCHE BESETZUNG

RUHRBESETZUNG

1

Weil das Deutsche Reich mit den Reparationslieferungen im Rückstand ist, besetzen die Franzosen 1923 das Ruhrgebiet. Als Reaktion ruft die deutsche Reichsregierung zum passiven Widerstand und zum Generalstreik auf. Für kurze Zeit übernimmt der Staat die Löhne von etwa zwei Millionen Arbeitern. Ungeachtet dessen werden jedoch gewaltsame Sabotageakte verübt.

MÄRTYRER?

Der militante Aktivist Albert Leo Schlageter wird 1923 wegen Sabotage in Düsseldorf von einem französischen Militärgericht als Abschreckung zum Tode verurteilt und hingerichtet. Für viele in der deutschen Öffentlichkeit wird er dadurch zum Märtyrer.

BLUTSONNTAG VON DÜSSELDORF

2

Joseph Friedrich Matthes macht sich zum Chef einer Separatistenbewegung, die 1923 mit Unterstützung der Franzosen eine unabhängige Rheinische Republik ausrufen will. Am 30. September 1923 kommt es dann in Düsseldorf zum sogenannten Blutsonntag, einer Revolte, bei der 10 Menschen getötet und 70 verletzt werden.

1 Passiver Widerstand im »Ruhrkampf«, Plakat
2 Separatist Josef Friedrich Matthes
3 Düsseldorfer Notgeld

HYPER~ INFLATION

Die Finanzierung des Ersten Weltkriegs liefert die Vorgeschichte für eine radikale Geldentwertung. In den Nachkriegsjahren verliert die Mark rapide an Wert, sodass die Wirtschaft und das Bankensystem zusammenbrechen, die Arbeitslosigkeit steigt und die Bevölkerung verarmt. Aus Angst vor Unruhen bricht die deutsche Regierung deshalb am 26. September 1923 den von ihr finanzierten passiven Widerstand im Ruhrgebiet ab.

CA. 1920 BACKSTEINEXPRESSIONISMUS

BACKSTEIN-EXPRESSIONISMUS

1

Als gegen Ende des 19. Jahrhunderts die Stadt explosionsartig wächst, werden nicht nur Industriebauten, sondern auch Wohnhäuser aus Backstein gebaut. Da trifft es sich gut, dass weite Teile von Düsseldorf auf lehmhaltigem Boden stehen, dem Grundstoff zur Ziegelherstellung. Bald stößt man überall im Stadtgebiet auf Ziegeleien. Besonders herausragende Beispiele des sogenannten Backsteinexpressionismus sind die Bauten, die zur *Gesolei* 1926 entstehen: Tonhalle, Ehrenhof und Rheinterrassen.

BACKSTEIN-IKONE

Eine weitere Ikone der Backsteinarchitektur ist das Wilhelm-Marx-Hochhaus. Als es 1924 fertiggestellt wird, ist es eines der ersten Hochhäuser in Deutschland. Sein Architekt ist der damalige Professor der Düsseldorfer Kunstakademie, Wilhelm Kreis. Namensgeber für das Haus wird der Düsseldorfer Oberbürgermeister Wilhelm Marx.

1 Gesolei: Rheinterrasse
2 Wilhelm-Marx-Haus,
Architekt Wilhelm Kreis

1864–1947 JOHANNA (MUTTER) EY

DIE MEISTGEMALTE FRAU DEUTSCHLANDS

BÄCKERIN

1907 eröffnet Johanna Ey auf der Ratinger Straße in der Nähe der Kunstakademie eine Bäckerei und wenig später eine Kaffeestube, die zum Treffpunkt von Künstlern, insbesondere Malern wird. Mittellose Kunststudenten können hier mit ihren Bildern bezahlen und legen so den Grundstock zu einer großen Sammlung.

JUNGE KUNST

1916, noch während des Krieges, eröffnet Johanna Ey eine Galerie, die nach dem Krieg unter dem Namen »Junge Kunst – Frau Ey« zum Mittelpunkt der Künstlergruppe *Das junges Rheinland* wird. Dieser Gruppe gehören Otto Dix, Max Ernst und etliche andere an, die Johanna Ey gerne und häufig porträtieren.

»ENTARTET«

Für die Nationalsozialisten gelten viele Künstler aus Johanna Eys Umfeld als »entartet«, sodass sie 1934 nach andauernden Repressalien ihre Galerie schließt. Nach dem Krieg eröffnet sie zwar eine neue Galerie und ein Künstlercafé, kann aber nicht an ihren alten Erfolg anknüpfen.

Hugo Erfurth, 1930:
Mutter Ey

1926 GESOLEI

DIE GESOLEI

Das Namenskürzel ist für die damalige Zeit modern und stößt in weiten Teilen auf heftige Ablehnung: *Gesolei* – die große Ausstellung für Gesundheitspflege, soziale Fürsorge und Leibesübungen Düsseldorf. Nichtsdestotrotz ist die Ausstellung ein riesiger Erfolg. Mit 7,5 Millionen Besuchern und einer Dauer von fünf Monaten ist sie die größte Messe der Weimarer Republik. Anders als bei den vorangegangenen Düsseldorfer Messen dreht es sich bei dieser Ausstellung nicht um Erzeugnisse der Industrie, sondern um die Gesundheit und die Lebensbedingungen des modernen, leistungsfähigen Menschen. Die Initiative für die Ausstellungsthemen »Gesundheit und Hygiene« geht dabei von dem Arzt Arthur Schloßmann aus, der in Düsseldorf von 1906 bis 1932 unter anderem als Professor für Kinderheilkunde an der Medizinischen Akademie Düsseldorf tätig ist.

Werbung für die Gesolei

DÜSSELDORF
1926

Mai — Okt.

**GROSSE AUSSTELLUNG
GESUNDHEITSPFLEGE
SOCIALE FÜRSORGE
LEIBESÜBUNGEN**

1926 GESOLEI

GESÜNDER WOHNEN

Die Themenschwerpunkte sind Gesundheit, Hygiene im Alltag, Sport, Arbeitsverhältnisse und Vererbungslehre. Einen wichtigen Teil der Messe bilden Musterhäuser und Wohnungen, die nach den damals modernsten Maßstäben konzipiert sind. Gedacht sind sie speziell für ärmere, kinderreiche Familien, die in dieser Zeit unter schlimmen hygienischen Bedingungen leben müssen und denen so ein menschenwürdiges Wohnen ermöglicht werden kann.

AUTOSCOOTER

60% der Messe sind als Vergnügungspark für die Unterhaltung da. Das Highlight: der erste Autoscooter in Deutschland.

DER ARCHITEKT

Leitender Architekt für die *Gesolei* ist Wilhelm Kreis. Als bedeutender deutscher Architekt ist er in seinen Düsseldorfer Jahren Direktor der Kunstgewerbeschule und Hochschullehrer an der Kunstakademie. Von ihm stammen die Tonhalle, der Ehrenhof und die Rheinterrassen, die speziell für die *Gesolei* entstehen und anders als die meisten anderen Bauten und Pavillons nach der Messe nicht wieder abgebaut werden. Ein weiterer Höhepunkt im Schaffen von Wilhelm Kreis ist das Düsseldorfer Wilhelm-Marx-Haus von 1924, eines der ersten Hochhäuser in Deutschland.

1 Werbung für die Gesolei
2 Wilhelm Kreis, ca. 1910
3 und 4 Architektur der Ausstellung

1883–1931 **PETER KÜRTEN**

DER VAMPIR VON DÜSSELDORF

SERIENMORDE

Die brutalen Verbrechen des Düsseldorfer Serienmörders Peter Kürten erregen großes Aufsehen in der Weimarer Republik und sorgen in der Stadt für Angst und Hysterie.

HAMMER, SCHERE, DOLCH

In der kurzen Zeit von Februar 1929 bis Mai 1930 begeht Kürten, der schon wegen unzähliger anderer Delikte vorbestraft ist, in Düsseldorf 12 Morde und mehr als 20 Überfälle. Seine bevorzugten Tatwerkzeuge dabei sind Hammer, Schere und Dolch. Als bekannt wird, dass er in einigen Fällen versucht hat, das Blut seiner Opfer zu trinken, gibt ihm die Presse den Namen *Vampir von Düsseldorf*.

FALLBEIL

Seine Opfer sind hauptsächlich Frauen, aber auch Kinder. Als Peter Kürten schließlich am 24. Mai 1930 festgenommen wird, gesteht er seine Taten und wird im folgenden zehntägigen Prozess in vollem Umfang für zurechnungsfähig erklärt und zum Tode verurteilt. Seine Hinrichtung durch das Fallbeil erfolgt dann am 2. Juli 1931 in Köln.

*Polizeiaufnahme des
Massenmörders Peter Kürten*

1918–1932

Eingemeindungen: 1929 Benrath, Garath, Hassels, Hellerhof, Holthausen, Itter, Kaiserswerth, Lichtenbroich, Lohausen, Reisholz, Urdenbach. Einwohnerzahlen: 1919 – 407.338, 1932 – 474.409

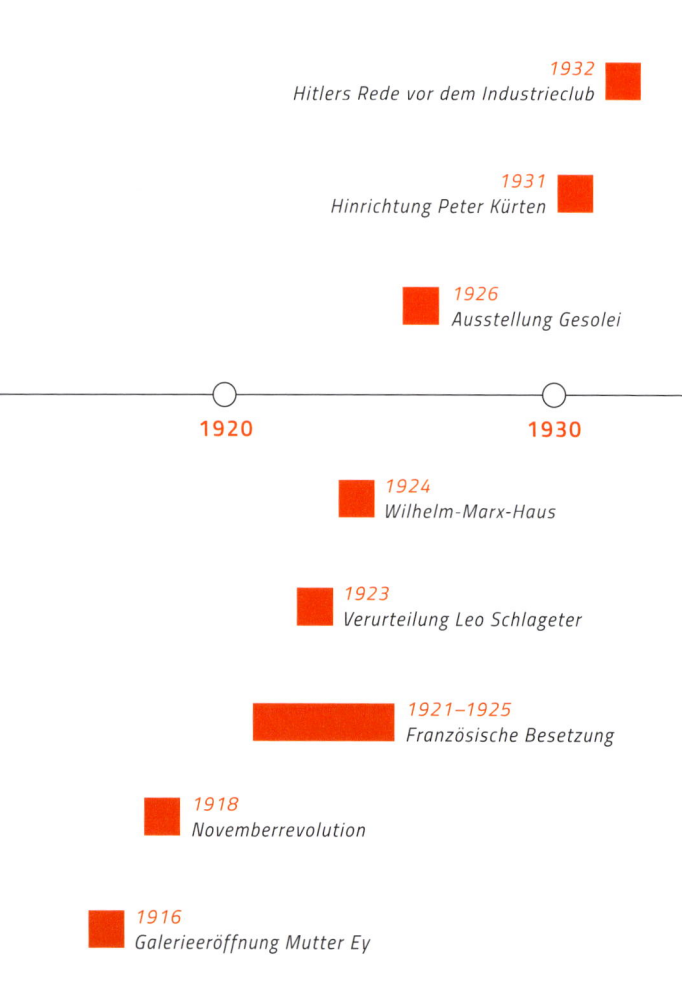

1932
Hitlers Rede vor dem Industrieclub

1931
Hinrichtung Peter Kürten

1926
Ausstellung Gesolei

1920 **1930**

1924
Wilhelm-Marx-Haus

1923
Verurteilung Leo Schlageter

1921–1925
Französische Besetzung

1918
Novemberrevolution

1916
Galerieeröffnung Mutter Ey

1919
Die Mitbegründer der Kommunistischen Partei Deutschlands Rosa Luxemburg und Karl Liebknecht werden von Freikorps-Mitgliedern ermordet.

1919–1933
Das »Bauhaus«, gegründet von Walter Gropius, definiert Architektur, Design und Kunst neu.

1921
Albert Einstein bekommt den Physik-Nobelpreis für seine Erklärung des photoelektrischen Effekts.

1925
Der italienische Politiker Benito Mussolini macht sich zum Diktator (»Duce«) und steht bis 1945 an der Spitze des faschistischen Italiens.

1927
Charles Lindbergh überquert in einem Nonstop-Flug den Atlantik von New York nach Paris.

1927
Nach Lenins Tod wird der Kommunist Josef Stalin zum Diktator in der Sowjetunion. Er stirbt 1953.

1928
Alexander Fleming entdeckt die Wirksamkeit von Penicillin, eines der ältesten Antibiotika.

1929
Am Schwarzen Freitag kollabiert die New Yorker Börse und löst damit eine weltweite Wirtschaftskrise aus.

DER NATIONAL-SOZIALISMUS IN DÜSSELDORF

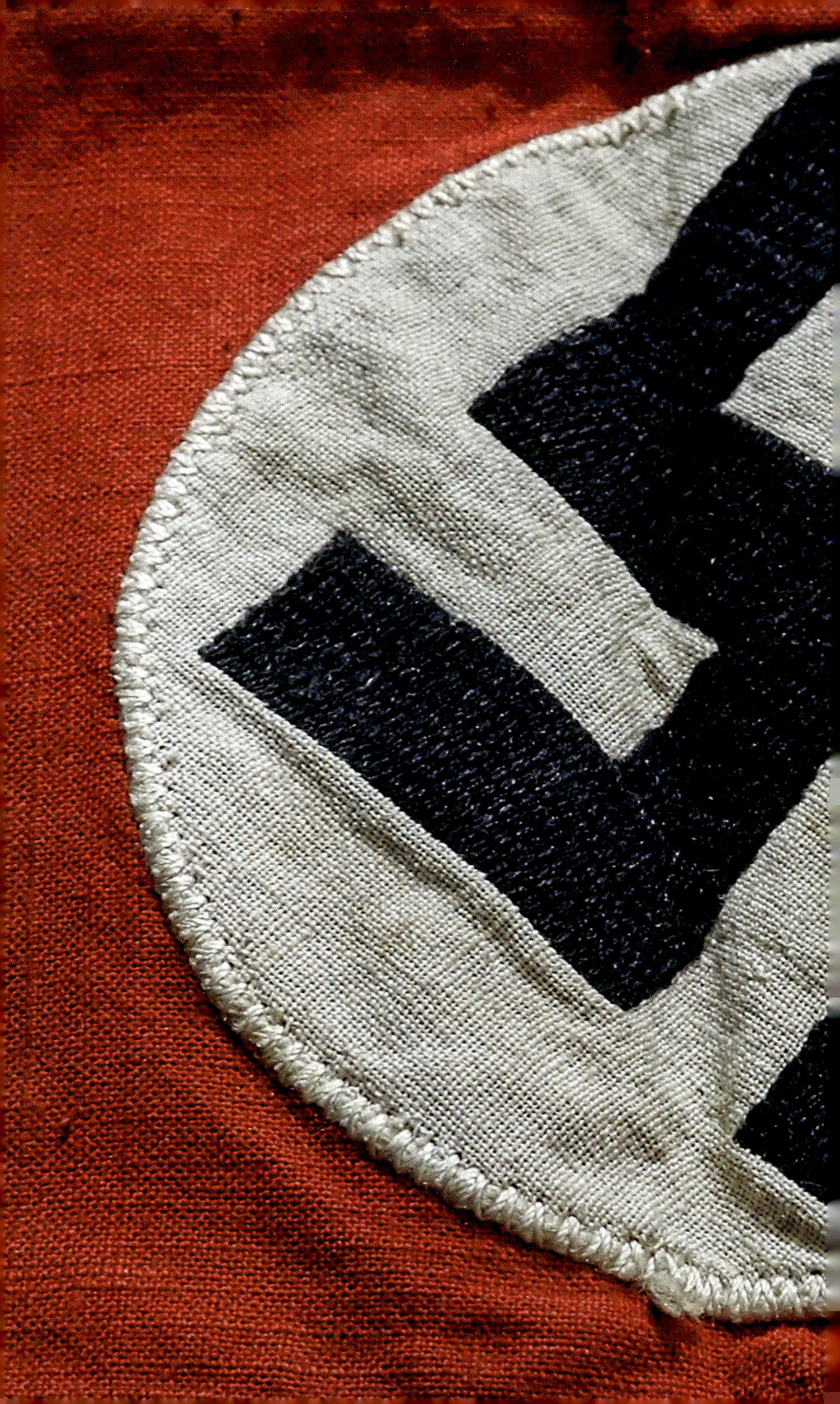

REDE VOR DEM INDUSTRIE~CLUB

Vorträge von gesellschaftspolitisch wichtigen Gastrednern sind zentraler Bestandteil des Clublebens.

26. JANUAR 1932

Noch vor der sogenannten Machtergreifung der Nationalsozialisten hält Adolf Hitler einen Vortrag im Industrie-Club, in dem er für seine Politik wirbt. Über welche Themen er genau referiert, ist nicht überliefert. Der Vortrag ist sehr gut besucht, und etliche Zuhörer bekommen keinen Sitzplatz mehr. Über das Maß der allgemeinen Zustimmung am Ende der Rede gehen die Meinungen auseinander, auch darüber, ob das Industriekapital den Aufstieg der NSDAP letztendlich erst möglich gemacht hat.

DER INDUSTRIE~CLUB

Der ehemalige Bürgermeister Wilhelm Marx ist sein erster Präsident: 1912 wird der Industrie-Club in Düsseldorf gegründet, in dem sich führende Persönlichkeiten aus der Industrie und des öffentlichen Lebens mit Sitz in Düsseldorf zusammenfinden. Man trifft sich im Parkhotel, dem mit der Gründung des Clubs zugleich aus einer finanziellen Flaute herausgeholfen werden soll.

1 Parkhotel an der Königsallee
2 Adolf Hitler um 1932

AB 1933 VERFOLGUNG UND MORD

VERFOLGUNG UND MORD

Leider stellt Düsseldorf keine Ausnahme dar: Auch hier wie im übrigen Deutschland, werden nach der sogenannten Machtübernahme der Nationalsozialisten politische Gegner und Gruppen, die nicht ins Weltbild der neuen Machthaber passen, verfolgt, eingesperrt, misshandelt und umgebracht. Gewalttaten zwischen militanten Anhängern des rechten und linken politischen Lagers finden zwar schon vor 1933 statt, mit dem Machtantritt jedoch bekommen SA und SS den offiziellen Status von Hilfspolizisten und damit die Legitimation, ihre Gegner zu terrorisieren. Überall in der als kommunistische Hochburg bekannten Stadt gibt es daraufhin Übergriffe und Morde. Speziell auf das Gerresheimer Glashüttenviertel, wo die KPD bei Wahlen bis zu 77,5 Prozent der Stimmen erzielt, haben es die Nazis abgesehen. Dort kommt es am 5. Mai 1933 zur sogenannten Razzia von Gerresheim, in deren Folge um die 280 Menschen ins Polizeipräsidium verschleppt werden.

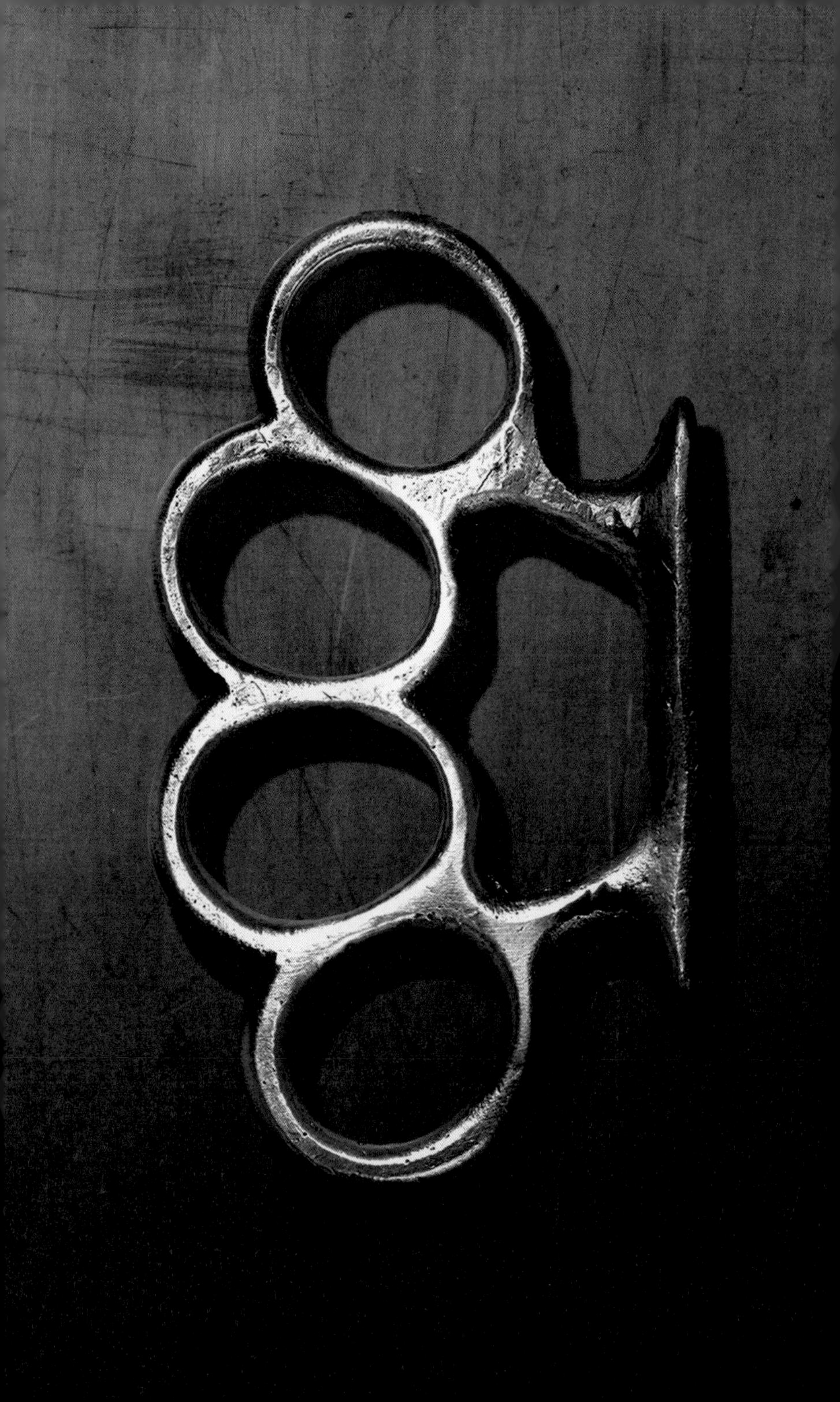

AB 1933 VERFOLGUNG UND MORD

VERFEMT

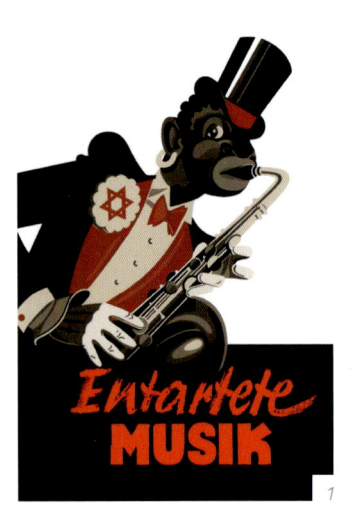

Analog zur Münchner Ausstellung »Entartete Kunst« findet in Düsseldorf 1938 die Ausstellung »Entartete Musik« statt, in der Jazz, neue Musik und Musik von jüdischen Künstlern verunglimpft und deren Entfernung aus dem Musikleben gefordert wird.

VERBRANNT

Eine der ersten großen Städte in Deutschland, in denen es zu öffentlichen Bücherverbrennungen kommt, ist Düsseldorf. Bereits am 11. April 1933, einen Monat vor der im ganzen Reich inszenierten Aktion, wird von der Hitlerjugend auf dem Platz vor dem Planetarium »unerwünschte Literatur«, darunter auch Bücher von Heinrich Heine, verbrannt.

GEFOLTERT

Die Düsseldorfer Abteilung der Geheimen Staatspolizei ist die zweitgrößte Gestapostelle im Deutschen Reich und nur der preußischen Regierung in Berlin unterstellt. In ihre Folterkeller – unter anderem auch ein Banktresor auf der Königsallee – werden zahlreiche politische Gegner geschleppt, dort grausam misshandelt und anschließend in Konzentrationslager gebracht.

ABTRANS~
PORTIERT

Am 17. November 1938 wird der Diplomat Ernst vom Rath auf dem Nordfriedhof in Düsseldorf mit großem Pomp beerdigt. Seine Ermordung in Paris durch Herschel Grynszpan, einen 14-jährigen Polen jüdischen Glaubens, dient den Nationalsozialisten als Vorwand für die von ihnen inszenierten Novemberprogrome gegen die jüdische Bevölkerung. Wie auch in anderen Städten brennt in Düsseldorf die Synagoge, werden jüdische Geschäfte und Wohnungen verwüstet und sterben Menschen. Ab 1941 finden dann vom Güterbahnhof Düsseldorf-Derendorf aus die Transporte von jüdischen Bürgern in die Ghettos und Vernichtungslager statt. Annähernd 6.000 Männer, Frauen und Kinder aus dem Regierungsbezirk Düsseldorf werden auf diese Weise deportiert, nur wenige überleben den Holocaust.

1 Ausstellungsplakat »Entartete Musik«
2 Gedenktafel an der Reuterkaserne
3 Antisemitische Schmiererei an der Synagoge in Düsseldorf

— 1936 NS-STADT

NS~STADT

Geplant ist eine monumentale Umgestaltung der Stadt: ein riesiges Straßenkreuz soll im Hofgarten gebaut werden – mit einem Arm quer durch die Altstadt zu einer neuen Oberkasseler Brücke, dazu eine gewaltige Kongresshalle für 5000 Menschen als Abschluss der Königsallee und ein neues Gebäude am Rhein mit einem mehrere hundert Meter hohen Turm als Regierungssitz des Gaus Düsseldorf. Das sind nur drei Beispiele für die Gigantomanie der nationalsozialistischen Stadtplanung in Düsseldorf, aus der glücklicherweise nichts wird. Im Gegenteil: Die Stadt wird im Bombenkrieg massiv zerstört. Was von der Naziherrschaft in Düsseldorf aber noch deutlich sichtbar übrig bleibt, ist der Nordpark. Er wird 1937 für die Propagandaausstellung *Schaffendes Volk* aus dem Boden gestampft und ist heute noch in seiner Anlage weitestgehend erhalten.

Skulptur »Rossebändiger« am Eingang
der Ausstellung »Schaffendes Volk«

SCHLAGETER-DENKMAL

Schon vor den Nationalsozialisten wird für den militanten Aktivisten Albert Leo Schlageter 1931 ein großes Denkmal gebaut. Schlageter wird 1923 während der Ruhrbesetzung wegen Sabotage von einem französischen Gericht zum Tode verurteilt und hingerichtet. Die nationalsozialistische Propaganda verklärt ihn dann später zum Helden und Märtyrer.

DAS SCHAFFENDE VOLK

Auch im Dritten Reich knüpft Düsseldorf an seine Messe- und Ausstellungstradition an. 1937 startet hier die bedeutendste Propagandaschau des Nationalsozialismus *Schaffendes Volk*, auf der Wohnen, Arbeiten und

Kunst des nationalsozialistischen Deutschlands gezeigt werden. Über sechs Millionen Menschen besuchen diese Ausstellung auf dem Gelände des heutigen Nordparks. Zu ihr gehören mit der Wilhelm-Gustloff-Siedlung und der Schlageterstadt auch zwei Mustersiedlungen, die heute noch existieren, natürlich unter anderem Namen.

3

EINMARSCH

Ein Vertragsbruch Hitlers macht Düsseldorf wieder zur Garnisonsstadt: 1936 lässt er die Wehrmacht in das seit Ende des Ersten Weltkriegs entmilitarisierte Rheinland einmarschieren und verletzt damit den Friedensvertrag von Versailles.

1 Schlageter-Denkmal Düsseldorf
2, 3, 4 Ansichten der Ausstellung

1899–1963 GUSTAF GRÜNDGENS

MEPHISTO

ZWIELICHTIG

Zwielichtige Charaktere sind bevorzugte Rollen von Gustaf Gründgens, der als Schauspieler, Regisseur und Intendant speziell im Dritten Reich eine heute immer noch viel diskutierte Rolle spielt.

VORZEIGESCHAUSPIELER

Geboren und ausgebildet in Düsseldorf, ist er in den 20er-Jahren auf etlichen Bühnen in Deutschland unterwegs. Ab 1933 wird er dann Vorzeigeschauspieler des Dritten Reichs und schließlich Generalintendant des Preußischen Staatstheaters. Dank seiner guten Verbindungen zu Göring rettet er aber auch verfolgte Kollegen und Freunde vor den Nationalsozialisten.

RÜCKKEHR

Nach dem Krieg kehrt er nach Düsseldorf zurück und wirkt dort am kulturellen Wiederaufbau mit, zuletzt als Generalintendant des Düsseldorfer Schauspielhauses. In seiner darauffolgenden Hamburger Zeit schreibt er mit seiner Inszenierung des »Faust«, in der er den Mephisto spielt, Theatergeschichte. Er stirbt 1963 in Manila, möglicherweise durch Selbstmord.

Gustaf Gründgens als Hamlet (1936)

1940–1945 BOMBARDIERUNG

BOMBEN-
KRIEG

Es ist haupsächlich die Rüstungsindustrie, die Düsseldorf zu einem bevorzugten Ziel der britischen Bomber macht. Unternehmen wie Mannesmann, Haniel & Lueg, Rheinmetall und andere haben ihren Sitz in der Stadt und machen sie damit zu einem kriegswichtigen Standort. Allein zwei Drittel der Stahlrohre, die das Deutsche Reich für den Bau von Kanonen benötigt, werden in Düsseldorf hergestellt. Hinzu kommt, dass die Stadt als ein wichtiger Verkehrsknotenpunkt gilt. So ist es nicht weiter verwunderlich, dass sich die Bombenangriffe, die im Mai 1940 eher moderat beginnen, kontinuierlich steigern, bis zum Schluss weit über 243 Angriffe zu verzeichnen sind, bei denen 1,14 Millionen Brandbomben geworfen und weite Teile der Innenstadt völlig zerstört werden.

*Seufzerallee nach dem Bombenangriff
am 23. September 1944*

1940–1945 BOMBARDIERUNG

DIE OPFER

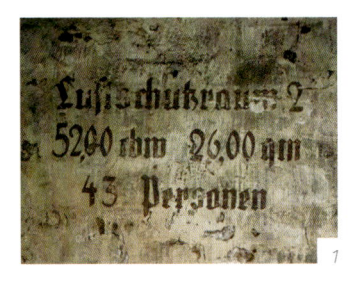

Unter den 6.000 Menschen, die bei den Luftangriffen sterben, sind auch 300 Zwangsarbeiter, die das Bergen von Blindgängern und die Luftangriffe nicht überleben. Von den 535.000 Einwohnern hat sich am Ende des Krieges die Hälfte in die nähere Umgebung geflüchtet.

ZERSTÖRUNG DER STADT

Als die Kampfhandlungen in Düsseldorf enden, sind im Bereich der Innenstadt 93% aller Gebäude zerstört oder beschädigt, darunter auch die Brücken über den Rhein.

PFINGST~ ANGRIFF

Der schwerste Luftangriff auf Düsseldorf, von dem Winston Churchill sagt, er habe die Überlegenheit der britischen Luftwaffe schlagend vor Augen geführt, findet Pfingsten 1943 statt. Bei dem 80 Minuten dauernden Bombardement verwandelt sich die Innenstadt in ein Flammenmeer, in dem mehr als 600 Menschen den Tod finden und über 3000 verletzt werden.

1 Luftschutzraum
2 Zerstörte Rheinmetall-Fabrik
3 Premierminister Winston Churchill
4 Hitler-Jugend bei Löscharbeiten

1945 WIDERSTAND

AKTION RHEINLAND

Als im April 1945 amerikanische Truppen Düsseldorf eingekesseln, beschließt eine zirka zehnköpfige Widerstandsgruppe mit der »Aktion Rheinland« die kampflose Übergabe der Stadt. Hierfür wird zunächst der Düsseldorfer Polizeipräsident festgesetzt. Danach stellt Franz Jürgens, Kommandant der Schutzpolizei und Mitglied der Gruppe, einen Passierschein aus, der es Karl August Wiedenhofen und Aloys Odenthal ermöglicht, zu den Amerikanern zu gelangen.

VERRAT

Das geplante Vorhaben wird jedoch verraten, der Polizeipräsident befreit, und fünf Mitglieder der Widerstandsgruppe, unter ihnen auch Jürgens, werden zum Tode verurteilt und hingerichtet.

DIE RICHTSTÄTTE VOM 16. APRIL 1945

1

DAS SCHLIMMSTE VERHINDERT

Nach langen Verhandlungen gelingt es Wiedenhofen und Odenthal, die Stadt kampflos an die Amerikaner zu übergeben. Damit verhindern sie in letzter Sekunde eine bereits geplante Bombardierung Düsseldorfs durch 800 Bomber.

1 Mahnmal am Ort der Hinrichtung
in der heutigen Anton-Betz-Straße
2 Aloys Odenthal

1932–1945

Einwohnerzahlen: 1933 – 501.542, 1939 – 548.000, 1944 – 326.300, 1945 – 235.000

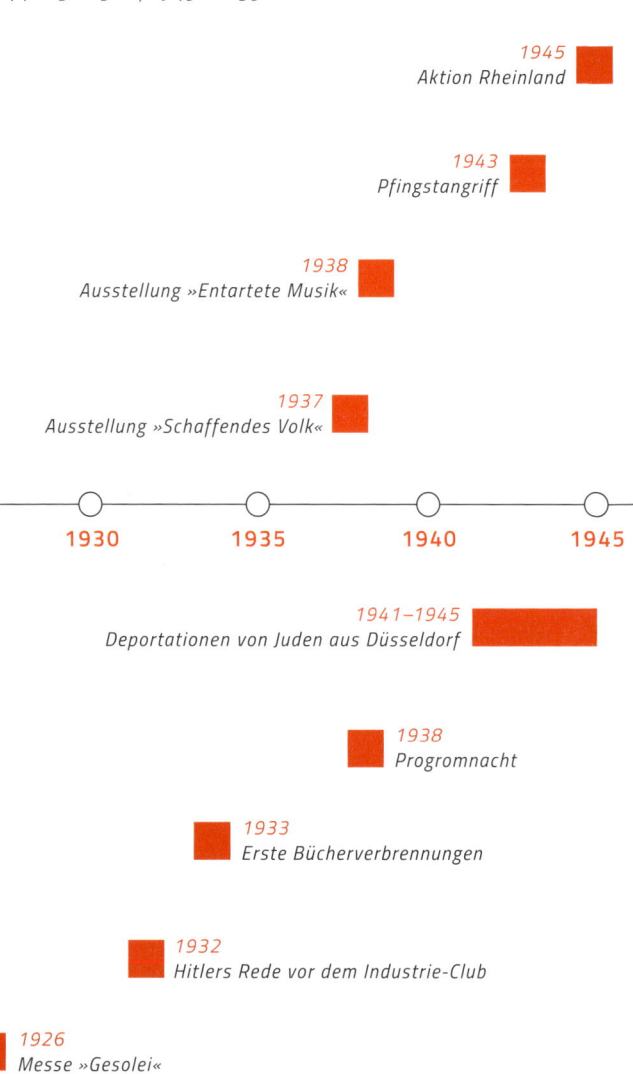

1945
Aktion Rheinland

1943
Pfingstangriff

1938
Ausstellung »Entartete Musik«

1937
Ausstellung »Schaffendes Volk«

———1930———1935———1940———1945———

1941–1945
Deportationen von Juden aus Düsseldorf

1938
Progromnacht

1933
Erste Bücherverbrennungen

1932
Hitlers Rede vor dem Industrie-Club

1926
Messe »Gesolei«

1930
Mahatma Gandhis Salzmarsch ist eine wichtige Kampagne im Kampf für Indiens Unabhängigkeit von Großbritannien.

1935
In Deutschland wird das erste regelmäßige Fernsehprogramm der Welt in hoher Qualität ausgestrahlt.

1936–1939
In Spanien herrscht Bürgerkrieg zwischen der demokratisch gewählten Regierung und rechtsgerichteten Putschisten unter dem späteren Diktator Franco.

1938
In Berlin entdecken Otto Hahn und Fritz Straßmann die Kernspaltung, was die Entwicklung von Atomwaffen zur Folge hat.

1939–1945
Mit dem Angriff auf Polen beginnt Deutschland unter Hitler den Zweiten Weltkrieg, der global geführt wird und über 60 Millionen Tote fordert.

1940
Winston Churchill wird britischer Regierungschef und bestärkt die Briten darin, den Krieg gegen Deutschland weiterzuführen.

1941
Der Angriff der Japaner auf die amerikanische Flotte in Pearl Harbor veranlasst die USA, in den Zweiten Weltkrieg einzutreten.

1942
Auf der Wannsee-Konferenz versammeln sich Größen des nationalsozialistischen Regimes und beschließen die Vernichtung der europäischen Juden.

DIE LANDES-
HAUPTSTADT

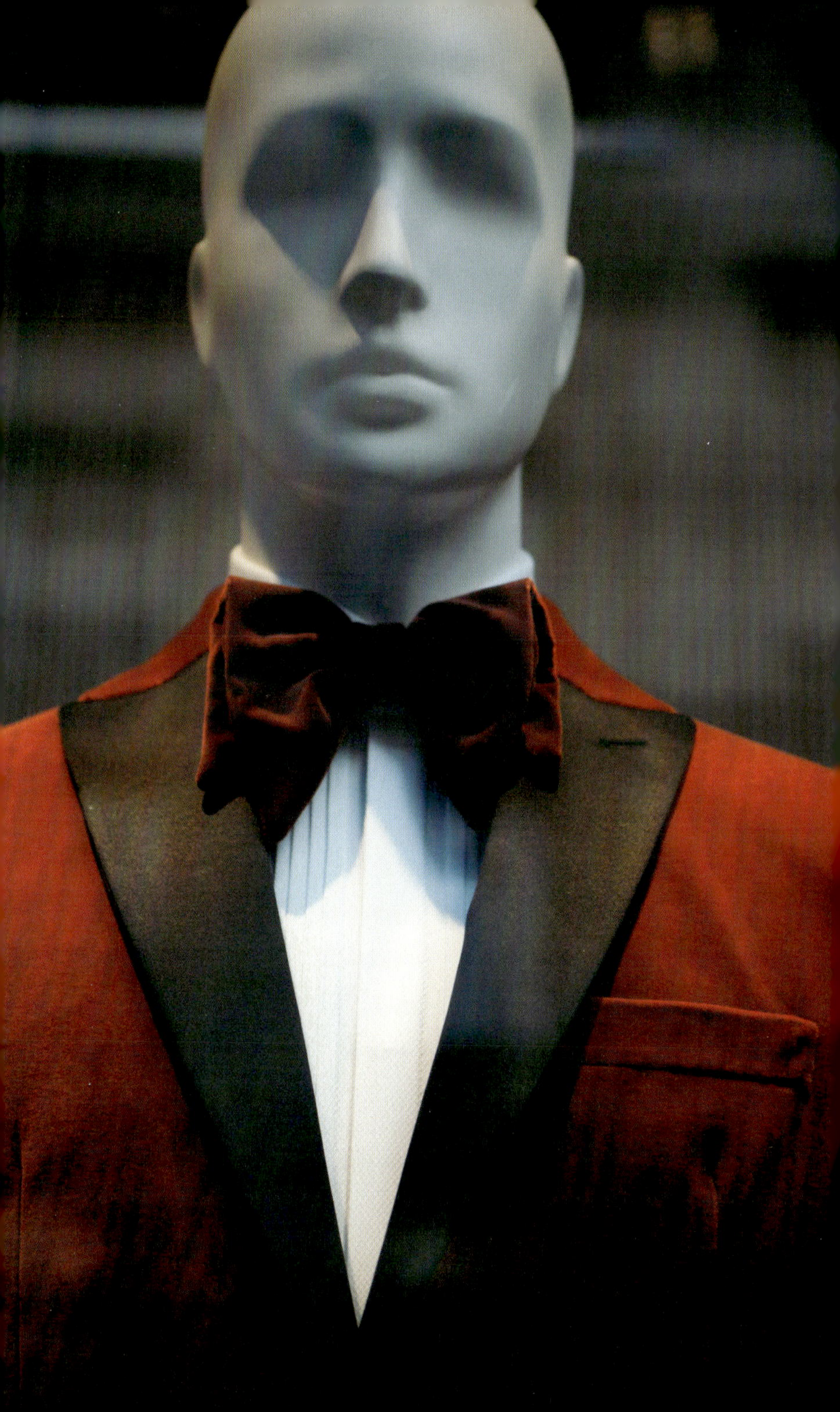

1946 HAUPTSTADT VON NRW

DIE NEUE LANDES- HAUPTSTADT

It´s capital will be Düsseldorf.« Damit erklärt die britische Militärregierung 1946 Düsseldorf zur Hauptstadt des neu geschaffenen Landes Nordrhein-Westfalen, das nach dem Krieg in der britischen Besatzungszone liegt. Warum nicht beispielsweise das viel größere Köln Landeshauptstadt wird, dafür gibt es verschiedene Erklärungen. Eine Rolle spielt wohl die zentrale geografische Lage der Stadt, darüber hinaus die gewachsene Funktion Düsseldorfs als wirtschaftliches Entscheidungszentrum. Außerdem existiert in Düsseldorf trotz schwerer Zerstörungen noch eine Anzahl intakter Verwaltungsgebäude. Und last but not least spielt vielleicht eine Rolle, dass die britischen Verwaltungsstellen ihren Sitz bereits hier in der Stadt haben und nicht mehr umziehen wollen.

Stadttor Düsseldorf

1946 HAUPTSTADT VON NRW

DIE VIER ZONEN

1

Nach dem Zweiten Weltkrieg wird Deutschland von den alliierten Siegermächten in vier Besatzungszonen geteilt. In den drei Westzonen wird dann 1949 die Bundesrepublik mit zehn Bundesländern gegründet. Aus einem Teil der britischen Zone wird Nordrhein-Westfalen mit seiner Hauptstadt Düsseldorf.

OPERATION MARRIAGE

Unter dem Namen »Operation Marriage« bereitet die britische Besatzungsmacht den Zusammenschluss des nördlichen Rheinlands mit Westfalen zum Bundesland Nordrhein-Westfalen vor. Sie setzen sich damit gegen die französischen Interessen durch, die das benachbarte Ruhrgebiet mit seinem industriellen Potenzial stärker von den Siegermächten kontrolliert sehen wollen.

DER LANDTAG

2

Die erste Sitzung des von den Briten ernannten Landtags wird in der Düsseldorfer Oper abgehalten, danach tagt man in Räumen des Henkel-Werks und wechselt 1949 dann ins Ständehaus. Schließlich wird 1988 das neue Landtagsgebäude am Rhein bezogen.

Der linke Teil des Wappens steht für das Rheinland. Der Wellenbalken soll den Rhein symbolisieren – aus gestalterischen Gründen ist er entgegen seinem wahren Verlauf gespiegelt dargestellt.

Das Westfalenross hat im Unterschied zum ähnlich aussehenden Sachsenross einen nach oben zeigenden Schweif. Es symbolisiert den Landesteil Westfalen.

Die Lippische Rose, Wappenzeichen der Edelherren zur Lippe, ist das Symbol für das Land Lippe, das seinen bisherigen Status als Freistaat aufgeben muss.

1 Besatzungszonen der Alliierten
2 Plenarsaal im Landtag NRW
3 Wappen von NRW

AB 1949 MODESTADT

MODE-
STADT

Aufgrund der isolierten Lage von Berlin verlagern deutsche Modehersteller nach dem Krieg ihre Modeschauen und Verkaufsausstellungen in das in Westdeutschland liegende Düsseldorf. Unter der Bezeichnung *Igedo* (Interessengemeinschaft Damenoberbekleidung) werden die Modemessen in Düsseldorf eine Zeit lang die größten der Welt.

MESSESTADT

Durch die Teilung Deutschlands fällt die bisher führende Messe in Leipzig, das seinerzeit in der DDR liegt, als hauptsächlicher Messekonkurrent Düsseldorfs weg, sodass ab 1947 vermehrt Fachmessen in Düsseldorf stattfinden.

DIE KÖ

Die auch im Ausland sicherlich bekannteste Straße Düsseldorfs ist die Königsallee, kurz »Kö« genannt, ein Boulevard mit zahlreichen Mode- und Luxusgeschäften und hochklassigen Hotels.

1 Königsallee in den 50er-Jahren
2 Strickpulloverkleid 1967

AB 1951 NIPPON AM RHEIN

LITTLE TOKYO

Zwar gibt es in Düsseldorf schon ab den 1860er-Jahren vereinzelt Handelsbeziehungen zu Japan. Aber erst nach dem Zweiten Weltkrieg, als das vom Krieg zerstörte Japan Produkte der Schwerindustrie für seinen Wiederaufbau braucht, siedeln sich ab 1951 japanische Unternehmen in Düsseldorf, dem Schreibtisch des Ruhrgebiets, an. Mit der Eröffnung der Japanischen Schule 1971 und dem Zuzug weiterer Unternehmen wird Düsseldorf dann Hauptstandort der Japaner Deutschland und damit zum sogenannten *Nippon am Rhein*.

1

JAPANISCHE KULTUR

2

Obwohl die Japaner mit ungefähr 6.500 Einwohnern im Stadtgebiet nur 1,1 Prozent der Gesamtbevölkerung Düsseldorfs ausmachen, prägen sie sichtbar das Stadtbild. Im Umkreis der Immermannstraße finden sich zahlreiche japanische Supermärkte und Restaurants. Attraktionen sind der japanische Garten im Nordpark und der alljährlich stattfindende Japantag.

1 Japanischer Garten im Nordpark
2 Sushi in einem der vielen japanischen Restaurants

1957–1984 HB-MÄNNCHEN

HB~MÄNNCHEN

»HALT, MEIN FREUND, …«

»Halt, mein Freund, wer wird denn gleich in die Luft gehen? Greife lieber zur HB, dann geht alles wie von selbst.« So lautet die Botschaft in den Werbespots der Zigarettenmarke HB, in denen der Hauptdarsteller nach einem Wutanfall zur beruhigenden Zigarette greift und sich daraufhin all seine Probleme buchstäblich in Luft auflösen.

WERBEWIRKSAM

Das HB-Zeichentrickmännchen gehört zu den populärsten Werbefiguren der Nachkriegszeit und ist von 1957 bis 1984 in zahllosen Werbespots zu sehen. Erfunden wird es von einer Düsseldorfer Werbeagentur, die die Marke HB damit zur bekanntesten Zigarette Deutschlands macht.

AUFSCHWUNG

Mit dem wachsenden Konsum der Nachkriegszeit beginnt auch der Aufschwung der Werbebranche. Nicht zuletzt durch die räumliche Nähe zu Unternehmen entwickelt sich Düsseldorf zu einem der wichtigsten Standorte der deutschen Werbeindustrie.

Diese Werbung ist im historischen Kontext zu sehen und nach den heutigen gesetzlichen Vorschriften nicht mehr zulässig.

AB 1960 **KUNSTAVANTGARDE**

KUNST~ AVANTGARDE

Nach den Jahren der *Düsseldorfer Malerschule* erfährt die Düsseldorfer Kunstakademie in der Zeit vom Ende der 1950er- bis zum Ende der 1970er-Jahre einen erneuten Höhepunkt ihrer Geschichte. Künstler wie Joseph Beuys, Heinz Mack, Otto Piene, Gerhard Richter und Günther Uecker erschaffen spektakuläre Kunst, die unter anderem Auswirkungen auf die westdeutsche Studentenbewegung der 1960er-Jahre hat und darüber hinaus die weltweite Kunstszene beeinflusst. In den 1990er-Jahren erlangt dann – wie seinerzeit die *Düsseldorfer Malerschule* – die von Bernd und Hilla Becher begründete *Düsseldorfer Fotoschule* große Bekanntheit, die ihre Tradition auf einen sachlichen, objektivierenden Fotostil bezieht und deren erfolgreiche Absolventen auf dem Kunstmarkt mittlerweile Spitzenpreise erzielen.

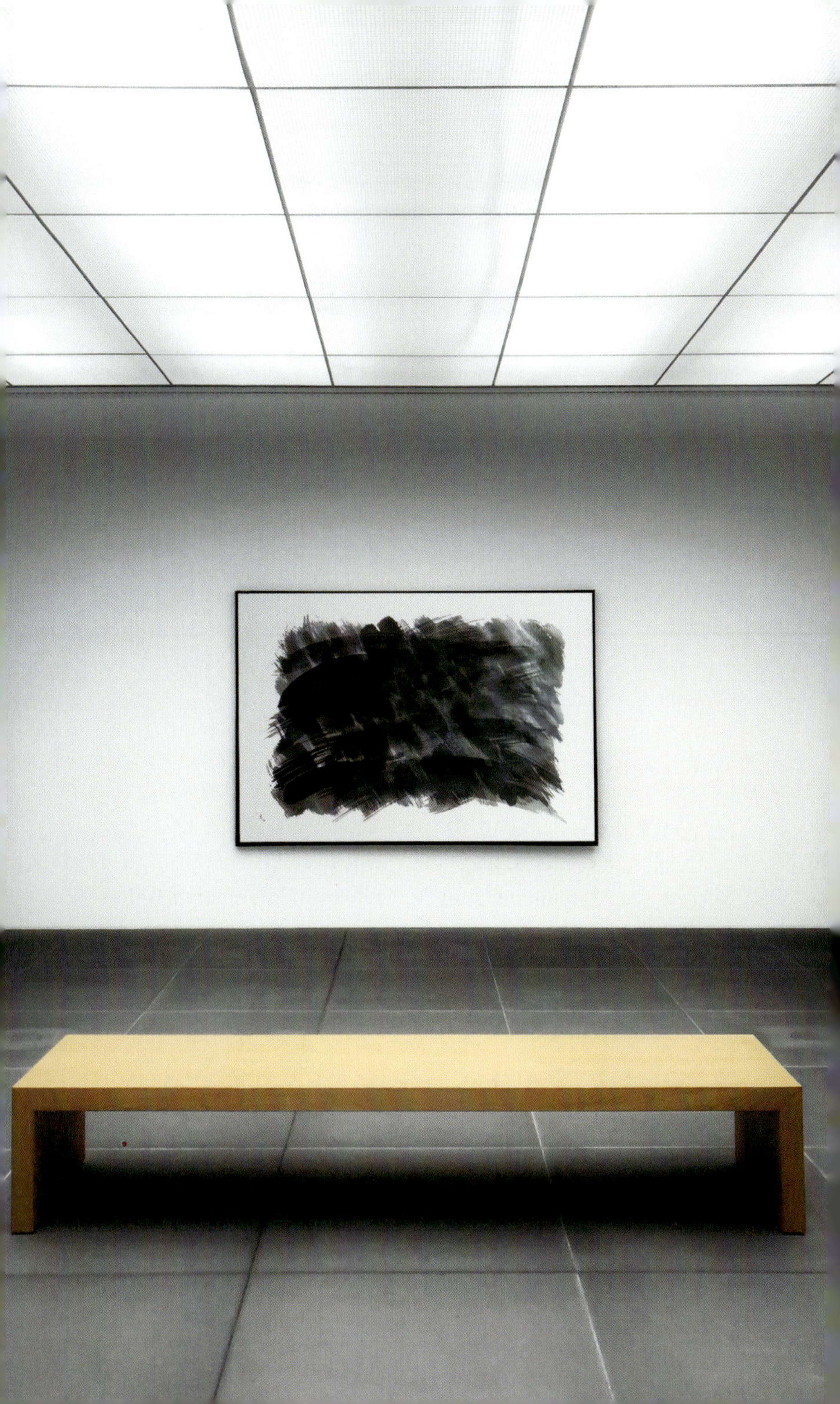

AB 1960 KUNSTAVANTGARDE

AKADEMIE

Die Kunstakademie befindet sich bis zum Brand 1872 im Galeriegebäude des Düsseldorfer Schlosses. Das jetzige, im Jahr 1879 eingeweihte Gebäude wird im Zweiten Weltkrieg stark beschädigt und nach dem Wiederaufbau Anfang 1946 wiedereröffnet.

ZERO IST ZERO

Die von Heinz Mack und Otto Piene 1958 gegründete Düsseldorfer Künstlergruppe *Zero*, der sich später auch Günther Uecker mit seinen Nagelbildern anschließt, möchte sich von der Nachkriegskunst absetzen und schafft puristische Objekte, die Licht und Bewegung künstlerisch umsetzen. Nach Pienes Aussage zitiert der Name *Zero* den Countdown eines Raketenstarts, bei dem »... *ein alter Zustand in einen unbekannten neuen übergeht*«.

MANN MIT HUT

Joseph Beuys ist einer der berühmtesten, aber auch umstrittensten Künstler der Bundesrepublik. Er lebt von 1946 bis zu seinem Tod 1986 in Düsseldorf, studiert bis 1953 an der Kunstakademie und wird dort 1961 Professor. 1972 kündigt man ihm fristlos, als er gegen die Ablehnung von Bewerbern protestiert.

Zero
ist die Stille. Zero ist der
Anfang. Zero ist rund. Zero dreht sich.
Zero ist der Mond. Die Sonne ist Zero.
Zero ist weiss. Die Wüste Zero. Der Himmel
über Zero. Die Nacht - . Zero fliesst. Das Auge
Zero. Nabel. Mund. Kuss. Die Milch ist rund. Die
Blume Zero der Vogel. Schweigend. Schwebend. Ich
esse Zero, ich trinke Zero, ich schlafe Zero, ich wache
Zero, ich liebe Zero. Zero ist schön. dynamo dynamo
dynamo. Die Bäume im Frühling, der Schnee, Feuer,
Wasser, Meer. Rot orange gelb grün indigo blau violett
Zero Zero Regenbogen. 4 3 2 1 Zero. Gold und
Silber, Schall und Rauch Wanderzirkus Zero.
Zero ist die Stille. Zero ist der Anfang.
Zero ist rund. Zero ist
Zero

Zero der neue Idealismus

1. Kunstakademie Düsseldorf
2. Unterschrift von Joseph Beuys
3. Manifest der ZERO-Künstlergruppe

AB 1945 ARCHITEKTUR

ARCHITEKTUR

Von einem Wiederaufbau kann in den ersten Jahren nach dem Krieg kaum gesprochen werden. Denn als Erstes hat man alle Hände voll zu tun, um die mehr als zehn Millionen Kubikmeter Schutt aus der Innenstadt zu entfernen – hier wie auch in anderen zerstörten deutschen Städten mit einer sogenannten »Trümmerbahn«. Erst ab 1950 kann dann mit der Neuplanung der Innenstadt begonnen werden. In der Zeit nach 1954 wird der Wiederaufbau lange Jahre maßgeblich von Friedrich Tamms geleitet, der aufgrund seiner Vergangenheit im Dritten Reich und der Auftragsvergabe für die Düsseldorfer Bauprojekte als solcher nicht unumstritten ist. So entstehen in dieser Zeit einerseits etliche qualitativ hochwertige Hochhäuser und eine neue Brückenfamilie über den Rhein, andererseits aber werden im Interesse einer autogerechten Stadt rücksichtslos Schneisen in Form von breiten neuen Straßen in gewachsene Strukturen der Innenstadt geschlagen.

*Dreischeibenhochhaus,
Architekt: Helmut Hentrich
Bauzeit: 1957–1960*

AB 1945 ARCHITEKTUR

SCHAUSPIEL-HAUS

»Bürger in das Schauspielhaus – schmeißt die fetten Bonzen raus.« Unter diesem Motto wird vor dem neuen Schauspielhaus bei dessen Eröffnung 1970 demonstriert. Der Grund: Nur geladene Gäste erhalten bei der Eröffnung Einlass. Architektonisch steht das Gebäude von Architekt Bernhard Pfau in einem spannungsreichen Kontrast zum benachbarten Dreischeibenhaus, wodurch es hohe städtebauliche Qualität auf sich vereint.

1

FRANK GEHRY

1974 beschließt man, Deutschlands drittgrößten Binnenhafen teilweise als Büro- und Dienstleistungsstandort auszubauen. Das Gebäudeensemble des Architekten und Designers Frank Gehry von 1999 wird ein Highlight.

2

1 Schauspielhaus
2 Gehry-Häuser
3 Rochus-Kirche, Entwurf: Pfarrer Peter-Heinrich Dohr,
Ausführung: Architekt Paul Schneider-Esleben

Ab 1945

Eingemeindungen: 1975 Angermund, Hubbelrath, Kalkum, Unterbach, Wittlaer, 2014 Knittkuhl. Einwohnerzahlen: 1950 – 500.616, 1961 – 702.596, 1987 – 563.531, 2018 – 642.304

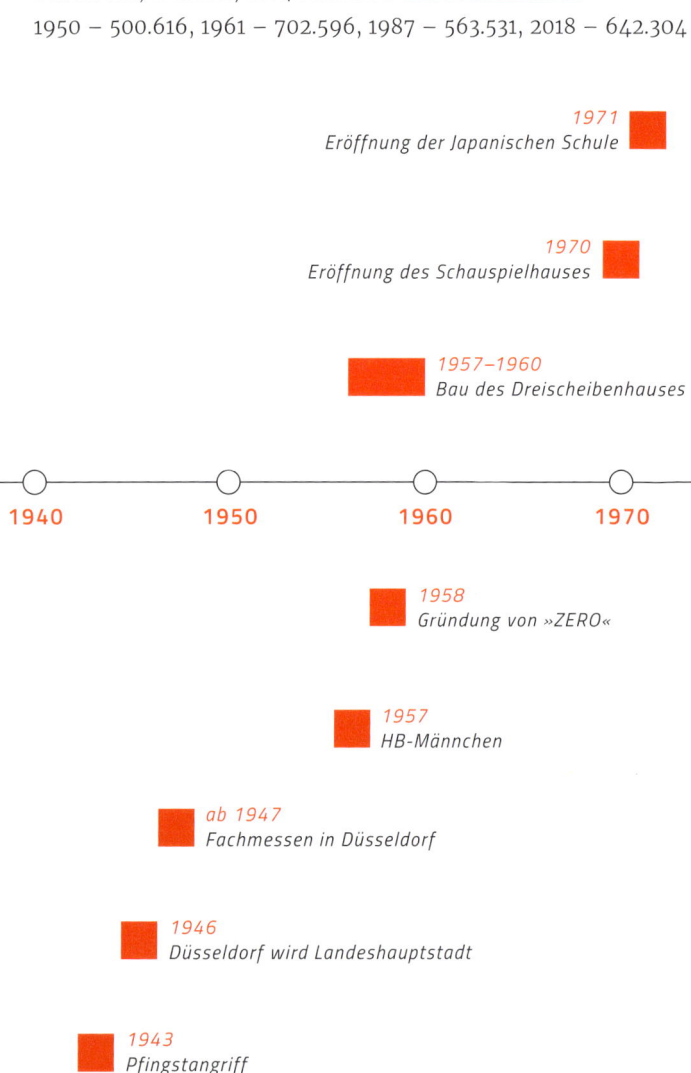

1971
Eröffnung der Japanischen Schule

1970
Eröffnung des Schauspielhauses

1957–1960
Bau des Dreischeibenhauses

1940   1950   1960   1970

1958
Gründung von »ZERO«

1957
HB-Männchen

ab 1947
Fachmessen in Düsseldorf

1946
Düsseldorf wird Landeshauptstadt

1943
Pfingstangriff

1945
Als die Amerikaner die ersten Atombomben auf Hiroshima und Nagasaki werfen, endet mit der Kapitulation der Japaner der Zweite Weltkrieg.

1945
Die Vereinten Nationen werden gegründet. Ihre wichtigste Aufgabe: die Sicherung des Weltfriedens.

1949
Der kommunistische Revolutionär Mao Zedong gründet die Volksrepublik China und bleibt bis zu seinem Tod 1976 an ihrer Spitze.

1963
In Dallas wird der amerikanische Präsident John F. Kennedy bei einem Attentat erschossen. Die Hintergründe werden nie aufgeklärt.

1969
Die Amerikaner Neil Armstrong und Buzz Aldrin betreten als erste Menschen den Mond.

1971
Der sozialdemokratische Politiker Willy Brandt bekommt den Friedensnobelpreis für seine Entspannungspolitik gegenüber der DDR und den Ostblockstaaten.

1989
Tim Berners-Lee entwickelt das Internet und macht es 1991 öffentlich und weltweit verfügbar.

1989
Die Grenze zwischen den beiden deutschen Staaten DDR und Bundesrepublik ist ein Ergebnis des Zweiten Weltkriegs. Bürgerproteste in der DDR führen 1989 zum sogenannten Mauerfall und 1990 zur Wiedervereinigung.

BILDNACHWEISE

Archiv British American Tobacco Germany: S. 169

Archiv Otfried Reichmann: S. 106-2; S. 107-3,4

Evangelische Pressestelle Düsseldorf: S. 41

Konzernarchiv Henkel: S. 101

Michael Osche:
S. 2/3; S. 9; S. 11; S. 12-1; S. 13; S. 16/17; S. 20-1; S. 28-1; S. 29; S. 74-1; S. 80/81; S. 84-1; S. 95; S. 97; S. 103; S. 104-1; S. 109; S. 113; S. 121; S. 126/127; S. 133; S. 139; S. 140-3; S. 141-4; S. 151; S. 155; S. 156-2; S. 157-3,4; S. 162-1; S. 164-1; S. 172-1; S. 174-1; S. 181; Autorenfoto

Pixabay:
dagbjerk: S. 39

Privatbesitz, England: S. 7

Sammlung Mahn- und Gedenkstätte Düsseldorf: S. 165

Unsplash:
abigail-keenan-l2JpNQF_qDc-unsplash.jpg: S. 32/33; clem-onojeghuo-CJtN-SIOicD0-unsplash.jpg: S. 168/169; jannis-rondorf-ooyV1sOBV0c-unsplash.jpg: S. 185; jon-tyson-SH6Q8MegvNM-unsplash.jpg: S. 183; markus-winkler-tbcx6TpBbeI-unsplash.jpg: S. 177; robin-schreiner-YKE4zTW5lic-unsplash.jpg: S. 181

Wikimedia Commons gemeinfrei:
Einband: alle Bilder außer Autorenfoto; S. 6-2; S. 10-1,2; S. 12-2; S. 19; S. 23; S. 24-1; S. 27; S. 28-2; S. 35; S. 36-1,2; S. 37-1,2; S. 40-1,2; S. 42-1,2; S. 43; S. 45; S. 47; S. 48-1,2,3; S. 49; S. 50-2; S. 51; S. 52-2; S. 53; S. 55; S. 64-1; S. 65; S. 67; S. 68-2; S. 69-3; S. 69-4; S. 71; S. 73; S. 75; S. 76; S. 77-2,3; S. 83; S. 84-2; S. 85; S. 87; S. 88-1,2; S. 89-3,4; S. 91; S. 92-1,2; S. 93; S. 96-1; S. 99; S. 102-1; S. 104/105; S. 105-2; S. 106-1; S. 110-1,2,3; S. 111-4; S. 114-1,2,3; S. 115-4,5; S. 117; S. 118-1,2,3,4; S. 119-5,6; S. 122-1,2; S. 123; S. 129; S. 130-1,2; S. 137; S. 141-3; S. 148-1; S. 148-2; S. 156-1; S. 161; S. 162-2,3; S. 173; S. 175; S. 182-1,2; S. 183

Wikimedia Commons lizenziert unter CreativeCommons-Lizenz by-sa-2.0-fr,
URL: https://creativecommons.org/licenses/by-sa/2.0/fr/legalcode
Rama: S. 32/33

Wikimedia Commons lizenziert unter CreativeCommons-Lizenz by-2.5,
URL: https://creativecommons.org/licenses/by/2.5/legalcode
Stefan Scheer: S. 5; Thomas Mielke: S. 52-1

Wikimedia Commons lizenziert unter CreativeCommons-Lizenz by-sa-2.5,
URL: https://creativecommons.org/licenses/by-sa/2.5/legalcode
Randal J.: S. 25

Wikimedia Commons lizenziert unter CreativeCommons-Lizenz by-sa-3.0,
URL: https://creativecommons.org/licenses/by-sa/3.0/legalcode
Beckstet: S. 21; Frank Vincentz: S. 68-1; Japanexperterna.se: S. 176-2; Noebse: S. 186-1; perlblau: S. 176-1; Thomas Mielke: S. 135; Voix Etouffées: S. 152-1

Wikimedia Commons lizenziert unter CreativeCommons-Lizenz by-sa-3.0-de,
URL: https://creativecommons.org/licenses/by-sa/3.0/de/legalcode
Bundesarchiv Bild 102-11502: S. 143; Bundesarchiv: S. 153, S. 158, S. 163;
Olaf Kosinsky: S. 172-2; Stefan Josef Bittl: S. 20-2

Wikimedia Commons lizenziert unter CreativeCommons-Lizenz by-sa-4.0,
URL: https://creativecommons.org/licenses/by-sa/4.0/legalcode
Amada44: S. 56; Christian A. Schröder: S. 186-2; DRG-fan: S. 146/147;
Dv8stees: S. 57; Eunostos: S. 6-1; Joerg Graff: S. 24-2; Jula2812: S. 152-2;
Michael Walter Düsseldorf: S. 187; Ralf Hammann: S. 63; Velopilger: S. 50

Wikimedia Commons lizenziert unter CreativeCommons-Lizenz by-4.0,
URL: https://creativecommons.org/licenses/by/4.0/legalcode
Wellcome: S. 60/61, S. 140-1

Wikimedia Commons lizenziert unter CreativeCommons-Lizenz by-3.0,
URL: https://creativecommons.org/licenses/by/3.0/legalcode
Wiegels: S. 134-1

Wikimedia Commons lizenziert unter CreativeCommons-Lizenz by-sa-2.0-de,
URL: https://creativecommons.org/licenses/by-sa/2.0/de/legalcode
Atamari: S. 171

IMPRESSUM

Bibliografische Informationen der Deutschen Nationalbibliothek
Die Deutsche Nationalbibliothek verzeichnet diese Publikation
in der Deutschen Nationalbibliografie; detaillierte bibliografische
Daten sind im Internet über http://dnb.d-nb.de abrufbar.

© 2020 Droste Verlag GmbH, Düsseldorf
Konzeption/Gesamtgestaltung: Michael Osche, Düsseldorf
Bildbearbeitung: Andrea Osche Grafikdesign
Druck und Bindung: LUC GmbH, Greven
ISBN 978-3-7700-2219-9

www.drosteverlag.de